BÁSICAMENTE LINUX

Una guía práctica

BÁSICAMENTE LINUX

Una guía práctica

Autores
Pablo Sanz Mercado
Alberto Luna Fernández

Ediciones Universidad Autónoma de Madrid
Campus de Cantoblanco. Einstein, 3. 28049 Madrid
www.uam.es/uam/uam-ediciones | servicio.publicaciones@uam.es

Diseño de cubierta: Sara Pantoja Gil

Impresión: Estilo Estugraf Impresores S.L.

ISBN 978-84-8344-943-1
e-ISBN: 978-84-8344-944-8
Depósito Legal: M-15588-2024
DOI: https://doi.org/10.15366/9788483449431

(PS)
Papá, muchas gracias.

(AL)
A Susana, por la primera edición.
A Miguel, por la segunda edición de libro y de vida.

Índice general

Capítulo 1

Sistemas operativos.

Los primeros ordenadores eran máquinas de una alta complejidad, las cuales tenían que ser programadas por especialistas, pero además estas personas solían entender muy bien su *propia* máquina pero esto no significa que supieran utilizar otra máquina distinta. En estos primeros años de la denominada era informática, dedicarse a estas tareas era algo que pocas personas podían atribuirse.

Un ordenador en definitiva es un conjunto de componentes electrónicos / eléctricos / mecánicos que realizando ciertas operaciones sincronizadamente llegan a un resultado que esperamos. Cuando decimos que estamos guardando un fichero de texto en el disco duro lo que realmente está pasando es que el disco duro recibe una señal de tal forma que se tiene que poner a dar vueltas y alcanzar un número de revoluciones por minuto constante; en este momento tiene que llevar un brazo lector a la posición del disco donde hay que escribir y entonces empezar a escribir lo que se le diga. Es algo así como el uso del disco de vinilo para escuchar música, pues lo que tenemos que hacer es poner el plato a un número concreto de revoluciones por minuto, levantar el brazo, buscar la pista que queremos escuchar y posicionar el brazo justo en ese sitio.

Este tipo de operaciones, en este principio de la informática, había que programarlas explícitamente, es decir, si alguien quería leer algún dispositivo, tenía que decir explícitamente lo que tenía que hacer el ordenador.

Obviamente si cada vez que se quería sumar dos números, se tenía que programar explícitamente el *poner a punto* el disco duro,

buscar la posición del primer número, leerlo, buscar la posición del
segundo número, leerlo, sumarlos y guardar la suma en un sitio
oportuno, saber informática era una tarea altamente complicada.

Poco a poco, viendo la cantidad de recursos y de tiempo que
hacía perder este tipo de acciones, se empezaron a crear estructuras
de programación que hacían este tipo de actividades de una forma
general, de tal manera que haciendo uso de estas estructuras, de estos programas genéricos, se conseguía lo que antes era muy costoso;
es decir, ahora no había que decirle al disco duro que empezara a dar
vueltas... sino que con sólo decir lo que se quería leer, un programa
se encargaba del resto. Así, por esta complejidad, nació lo que se
llamó sistema operativo, que en definitiva es un software suficientemente complejo que sirve de capa entre los componentes físicos
del ordenador y la persona que lo utiliza, de tal forma que cuando
se quiere grabar un fichero en el disco duro, no hay por qué saber
absolutamente nada del comportamiento interno del ordenador, ni
de electrónica ni nada similar, sino simplemente se tiene que arras-
trar el archivo, con el ratón, desde la carpeta del ordenador hasta
el icono del disco duro, o ejecutar el comando correspondiente que
se encargue de llevar a cabo esta acción.

Ni qué decir tiene que la importancia de los sistemas operativos
es crucial hoy en día, no sólo porque así no tenemos que saber ni
una palabra de electrónica, sino porque además podemos utilizar
diferentes ordenadores con el mismo sistema operativo, aun siendo
distintos, habiendo aprendido en sólamente uno de ellos.

Los sistemas operativos han evolucionado mucho: los primeros
eran simplemente recopilaciones de programas muy utilizados que
simplificaban algunas de las tareas más comunes, luego se fueron
complicando haciendo cada vez más fáciles acciones que ya no eran
simplemente las más utilizadas. Se fue formando por tanto lo que
se utilizó como *gancho* para extender los ordenadores al público
en general; es decir, una vez que se consiguió una recopilación de
programas lo suficientemente completa para que una persona sin
apenas conocimientos informáticos pudiera manejar un ordenador,
se pudo comercializar para que estos aparatos llegaran al público
en general, y como esta idea tuvo una aceptación muy superior a la
esperada, estos sistemas operativos pioneros se fueron complicando
llegando a la complejidad de los que disfrutamos, o sufrimos, hoy

en día.

Hoy en día podemos utilizar diferentes sistemas operativos, como por ejemplo cada una de las versiones de UNIX, Linux, MacOS, Windows, etc. no obstante el más extendido, al menos en ordenadores personales, es Windows.

Windows fue desarrollado por Microsoft y ha copado el mercado en el sector de los ordenadores personales, ya que es un sistema operativo muy intuitivo, que puede utilizar un gran número de personas, si bien ha sido ayudado en esta extensión la gran campaña propagandística que ha mantenido Microsoft, así como la ayuda de las empresas de hardware, que cooperan directamente con Microsoft y no con otros desarrollos.

En el *mundo* de los grandes servidores tenemos que ir a sistemas operativos robustos y fiables, como UNIX o Linux. Al igual que Windows es mayoritario en ordenadores personales, en servidores lo es Linux.

Linux es un sistema operativo que se utiliza mucho en ordenadores pensados para dar servicios, en servidores de cálculo, grandes instalaciones, etc., si bien la simplicidad que ha alcanzado y sus intuitivos entornos gráficos hacen que sea muy fácil de utilizar en cualquier otro entorno.

Linux fue creado por Linus Torvalds[1] como un *hobby* según escribió él mismo, pues quería desarrollar algo parecido a Minix, un sistema operativo bastante utilizado en aquel momento. Este sistema operativo, Linux, tenía una gran particularidad: Era gratis, pero no solamente era gratis, sino que se podía realizar en él cualquier modificación sin ser ilegal.

Esta idea, que podría haber sido considerada una locura, es la que ha llevado a Linux a ser tan popular, ya que Linux no tiene un grupo reducido de gente que lo desarrolla como lo tiene Microsoft en cuanto a Microsoft Windows se refiere, sino que cualquier persona con un poco de tiempo y conocimientos puede desarrollar Linux, y por ello el crecimiento y estabilidad de Linux son cada vez mayores.

El código abierto, que es como se conoce a esta posibilidad de modificar sin problemas legales el código, tiene grandes beneficios, pues cualquier error en el sistema operativo es detectado rápidamente (recordemos que hay mucha gente trabajando desinteresadamente en este proyecto), pero también tiene el inconveniente que si alguien descubre algún problema en el sistema operativo, en vez de arreglarlo lo puede utilizar en su beneficio, atacando los ordenadores que tengan esta anomalía. No obstante las soluciones a estos problemas suelen llegar rápidamente, por lo tanto, teniendo un ordenador actualizado, es más difícil recibir un ataque, mientras que en otros sistemas operativos, a los que también se les detectan fallos, la corrección de los mismos es más lenta pues el número de personas dedicadas es menor.

El sistema operativo GNU/Linux es un grupo de programas que nos sirven para interactuar, de una forma cómoda, con el ordenador; pero alrededor de él se han ido creando ciertas aplicaciones que facilitan enormemente la interacción con el ordenador, como por ejemplo editores de texto, programas para escuchar CD...

Nosotros podemos grabar en un CD, DVD o memoria USB lo que podríamos llamar *lo básico* de Linux y además todas las aplicaciones que nos parezcan interesantes y esto utilizarlo para instalarlo en un ordenador. Pues bien, hay ciertas compañías o grupos de personas, entidades, etc., que se han dedicado a realizar este tipo de actividades, es decir, recopilar en lo que se llama *distribuciones de Linux* (la parte básica de Linux y las aplicaciones que les parecen interesantes), y han dotado a este CD, DVD o memoria USB de un menú de instalación sencillo. Por lo tanto, podemos conseguir diferentes recopilaciones de Linux realizadas para diferentes necesidades.

Estas distribuciones tienen sus propias peculiaridades, aunque en líneas generales cualquier distribución que instalemos en nuestro ordenador será equivalente, los comandos serán los mismos, la forma de trabajar será la misma, y lo que cambiará sobre todo serán los logotipos y las aplicaciones incluidas en la distribución.

Así podemos tener el Linux de Fedora, de SUSE, de Debian... pero esto no nos debe confundir, la base es la misma, lo diferente es lo que la acompaña.

Algunas empresas u organizaciones que se encargan de realizar recopilaciones ganan dinero gracias al soporte que ofrecen (recordemos que Linux es gratuito), es decir, yo siempre puedo comprar una de estas distribuciones de Linux y con mi dinero recibiré una copia GRATUITA de Linux en varios CD, DVD o memorias USB, manuales impresos de Linux y soporte mediante correo electrónico o teléfono.

La idea de Linux es que el sistema operativo sea gratuito y - modificable, y la mayoría de las aplicaciones que se crean para él siguen esta política. No obstante hay desarrollos que implican mucho tiempo y esfuerzo que no son gratuitos; en nuestra mano está el adquirir estos programas o no. Hay que tener en cuenta que es una magnífica idea lo de mantener viva la filosofía de que la mayoría de las cosas tienen que ser gratuitas, pero también hay que tener en mente que cierto tipo de programas necesitan, para su elaboración, un equipo bien coordinado y sostenido económicamente.

Capítulo 2

Linux y sus sabores.

Linux, como hemos apuntado anteriormente, se refiere o se entiende en la actualidad como un sistema operativo basado en el antiguo Unix, de libre distribución y código abierto. No obstante, merece la pena matizar algunas cosas.

El sistema operativo, en rigor, se denomina GNU/Linux. Coloquialmente se le llama Linux, sin más. En realidad es un caso en el que se toma la parte por el todo, pues Linux, el *invento* de Linus Torvalds, realmente se refiere sólo al kernel. El kernel es un archivo que supone el centro de Linux, que se comunica con el sistema operativo, sin más. Dicho kernel, creado por Linus Torvalds en 1991, se distribuye con licencia GPL (General Public License)[2], que es la licencia con la que se hacen públicos los programas de GNU[3]. GNU es un acrónimo de *Gnu is Not Unix* y se trata de un proyecto para desarrollar un sistema operativo libre, del cual el núcleo sólo es una pequeña pieza. El fundador de GNU es Richard Stallman[4].

Así pues, aunque el núcleo o kernel es fundamental para el funcionamiento del sistema operativo, una buena parte del mismo con el que interactuamos es sencillamente GNU. Podemos decir que un sistema operativo basado en GNU/Linux tiene muchos componentes: el núcleo Linux, los programas desarrollados por el proyecto GNU, y además programas de otros desarrollos y/o licencias.

La historia de GNU y de Linux está entrecruzada. En efecto, GNU tenía la idea de ser una alternativa al Unix, allá por el 1983. Dicha alternativa consistiría en ser un software libre. Cuando Linus Torvalds liberó en 1991 la primera versión del núcleo de Linux,

GNU aún estaba incompleto, pero los primeros desarrolladores del núcleo lo adaptaron para que funcionara con los programas de GNU (que para eso era libre). Cuando los desarrolladores de GNU vieron las utilidades del núcleo Linux, adaptaron programas de GNU para que se pudiera trabajar con él.

A pesar de que no existe una autoridad para definir exactamente cuál es el nombre del sistema operativo, parece ser que toda la comunidad está de acuerdo en que GNU/Linux es un nombre adecuado, teniendo en cuenta que el núcleo (denominado Linux) en muchas ocasiones, por brevedad, adopta el nombre del sistema operativo entero.

Por último, anecdóticamente, el 12 de Octubre de 1994 se descubrió un asteroide situado en el Cinturón de Asteroides al que se denominó 9885 Linux, en honor al sistema operativo. El 5 de Marzo de 1992 se había descubierto uno al que se puso el nombre de 9965 GNU. Como vemos, GNU y Linux, pese a todo, caminan de la mano.

2.1. Distribuciones de Linux.

Vamos a ver lo que se conoce coloquialmente como distribuciones Linux, o, después de nuestra discusión, deberían conocerse como distribuciones GNU/Linux. Son, en realidad, una variación de ese sistema operativo, que incorpora determinados paquetes que intentan suplir necesidades de determinados usuarios y usuarias.

Una vez conocido que GNU/Linux es el conjunto de los programas linux kernel+gnu+otras contribuciones, las distribuciones son colecciones de programas que alguien ha pensado que pueden ser útiles a algunos colectivos. Dado el carácter abierto de todo este software, podríamos crear nuestra propia distribución, imaginar un procedimiento de instalación, y llevarlo a cabo sin coste económico y de manera absolutamente legal.

Antes de que surgieran las distribuciones, instalar un Linux era una tarea complicada, dado que se requerían muchos conocimientos de ejecutables, instalación y configuración de archivos clave, librerías, etc.

La mayor parte de distribuciones son gratuitas. Sin embargo, si vamos a comprarlas a un Centro Comercial allí no son gratis:

eso es debido al precio del soporte físico, manual, empaquetado, etc, así como a la ayuda a la instalación y/o mantenimiento que muchas ofrecen. Sin embargo, se pueden descargar de Internet de una manera totalmente gratuita y legal.

Otras distribuciones son de pago, debido a que existe algún componente cuya licencia exige la remuneración, como por ejemplo programas propietarios de alguna marca para gestionar algún tipo determinado de arquitectura. Se suelen usar en entornos empresariales o científicos, donde algunos servidores *nacen* predestinados a usar alguna distribución determinada.

Vamos a hablar a continuación de las distribuciones más conocidas, aunque es verdad que es una lista orientativa. Jamás llegaríamos a mencionarlas todas, puesto que como ya hemos dicho podemos crear nuestra propia distribución Linux sin más que coleccionar los programas que creemos útiles y crearnos un medio para instalarlos.

2.1.1. RedHat[5], Fedora[6] y Rocky[7].

Estas tres distribuciones son muy parecidas entre sí, y de hecho todas nacieron de RedHat. Redhat Enterprise Linux es una distribución no gratuita debido a que incluye programas propietarios y da soporte telefónico y vía Internet de las instalaciones, mientras que Fedora es una distribución totalmente gratuita que contiene cientos de programas que permiten hacer instalaciones de *Escritorio* repletas de utilidades, así como instalaciones de servidores totalmente estables y fiables. Rocky es una versión libre muy de la mano de RedHat, de tal forma que prácticamente todo lo que proporciona RedHat, se integra en Rocky siempre que la licencia lo permita, ya que es una distribución gratuita. Esta distribución está dirigida a servidores científicos, ya que potencia más la estabilidad que la inclusión de utilidades novedosas, que pueden incluir fallos al no estar probadas.

2.1.2. Debian[8].

Es considerada quizás la distribución más *purista*. No es tan fácil de instalar como las otras distribuciones, pero tampoco es excesivamente complicada. Normalmente distribuye tres versiones: la *Estable*, que contiene la publicación oficial más reciente de Debian. Tiene fama de ser tan estable que ofrece muchisima seguridad en los servidores. Otra versión es la *Inestable* que contiene muchas más funcionalidades pero al tiempo contiene paquetes de software que aun no han sido aceptados en la versión estable por encontrarse en fase de pruebas. Ya hemos dicho que la estable tiene fama de serlo, por eso antes de aceptar un paquete como integrante de la estable tiene que demostrar su solidez y estabilidad. Por último, se distribuye la versión *En pruebas*, donde las personas colaboradoras incluyen sus aportaciones, para que el resto de la comunidad critique el trabajo y avance el desarrollo. Esta última publicación es donde tiene lugar el desarrollo activo de Debian. Generalmente, esta publicación es la que usan las y los desarrolladores y otros que quieren estar a la última. Lógicamente, si somos una o un usuario no avanzado, utilizarla nos llevará sin duda a problemas. Además esta distribución soporta una amplia lista de arquitecturas, que no suele ser habitual en otras distribuciones.

2.1.3. Ubuntu[9] y KUbuntu[10].

Son distribuciones basadas en Debian, y por lo tanto pretenden ser muy estables. Además, están dirigidas al público final, con idea de que su utilización sea fácil. Es muy popular en la comunidad debido a su facilidad de uso. La diferencia entre ambas es que Ubuntu está basada en el escritorio Gnome, mientras que Kubuntu utiliza el escritorio KDE.

2.1.4. OpenSUSE[11] y SUSE Linux Enterprise[12].

Son, respectivamente, la versión gratuita y comercial de la filosofía SUSE. Prácticamente la misma explicación que dábamos para RedHat Enterprise Linux y Fedora la podemos dar para estas dos versiones. El utilizar estas versiones u otras depende fundamentalmente de quién las instale, ya que prácticamente el funcionamiento es idéntico en todas las distribuciones, pero las pequeñas diferencias (en la instalación, en componentes de administración, en el software incluido o no, etc.) son las que decantan a utilizar unas u otras, aunque muchas veces la razón es mucho más sencilla: Aprendieron GNU/Linux con una distribución, y no la han cambiado.

2.1.5. Distribuciones *Live.*

Además de estas distribuciones, existen otras llamadas *Live distributions* cuyo propósito es cargar Linux en la memoria RAM de nuestro ordenador sin tocar nada del disco duro. El propósito de las mismas es poder usar un ordenador que contenga Windows, MacOS o cualquier distribución Linux sin interferir en los datos de estas instalaciones. Al arrancar con una de estas distribuciones tendremos un entorno Linux que nos permitirá trabajar con más o menos comodidad, de tal forma que al apagar la máquina no habremos dejado rastro de nuestra presencia.

Las distribuciones Live nos sirven también como opción de arranque cuando nuestro sistema Linux se ve incapaz de arrancar por algún error que nos exige arrancar desde una fuente externa para repararlo.

Existen diversas *Live distributions*, siendo de las más conocidas y utilizadas la llamada Knoppix[13], que ofrece una versión para arrancar en DVD y otra para arrancar en CD, la primera con más funcionalidades. Desde esta versión se puede, si se quiere, acceder a los discos duros de nuestro ordenador, reparar algo si procede, o copiar datos de alguna unidad, y después rearrancar con el sistema operativo reparado. Por supuesto se pueden utilizar desde memorias USB si es necesario.

Si bien Knoppix es una distribución muy reconocida, y básicamente nacida para ser Live, muchas distribuciones tienen versiones Live que incluso permiten realizar una instalación completa de la distribución en nuestro equipo desde la propia Live. Es decir, podemos probar la Live durante un periodo de tiempo determinado para ver si nos gusta o no, y en el momento que estemos convencidos de que nos gusta simplemente pulsando en un icono nos arrancará un menú de instalación que la dejará configurada en nuestro disco duro.

Capítulo 3

Hardware.

3.1. ¿Por qué es necesario saber de hardware?

Habitualmente lo que menos nos preocupa es el hardware que estamos utilizando, y miramos más la marca, la capacidad, las prestaciones de estos componentes, siempre y cuando nos sirvan para lo que tenemos que hacer. No obstante hay que tener un mínimo de conocimientos sobre estos componentes, no sólo para que no nos engañen en la compra de un equipo, sino para asegurar compatibilidad a la hora de instalar un sistema operativo o un programa en nuestro ordenador. Tener una pequeña lista con todos los dispositivos que tiene nuestro ordenador no es una mala idea, y si además esta lista es acompañada con los CD o memorias USB con los programas que nos dieron al adquirir estos dispositivos, o que hemos tenido que *bajar de la red* para hacerlos funcionar, mucho mejor, pues, aunque parezca mentira, muchas veces estos soportes se tiran creyendo que no sirven para nada, y cuando más se necesitan no están disponibles.

3.2.   ¿Qué debemos saber de hardware?

3.2.1.   Disco duro.

Es un dispositivo que se utiliza para guardar información en él. Está compuesto por diferentes *platos* sensibles a alteraciones magnéticas, dispuestos uno encima de otro en un mismo eje. Las alteraciones magnéticas, en definitiva unos y ceros, las producen una serie de elementos que se llaman cabezas lectoras. Dichas cabezas no pueden tocar estos platos, ya que si se produce un contacto físico los platos se dañan.

El disco duro hoy en día es un dispositivo fundamental en un ordenador ya que en él se pueden guardar grandes cantidades de información.

Una alteración que hace un cabezal, es decir, un uno o un cero que escribe en el disco, se llama bit, la agrupación de ocho bits se llama byte.

Habitualmente, cuando hablamos de grandes capacidades o de sistemas que necesitan mucha seguridad y/o integridad en los datos, se suele hablar de RAID (Redundant Array of Independent Disks). RAID sirve también para virtualizar, es decir, para unir dos discos duros de 16 TB para conseguir una imagen única de 32 TB, pero puede hacer más cosas, como por ejemplo el mirror, en el que se utilizan dos discos para grabar la información, de tal forma que se graba exactamente lo mismo en cada uno de los discos. Así, si uno se avería siempre se puede recuperar la información del otro. Esto reduce a la mitad el espacio de almacenamiento que hemos comprado, pero hace que nuestros datos están más seguros. Usando RAID podemos también utilizar más de dos discos, para repartir nuestros ficheros entre varios discos, almacenando además el resultado de una operación lógica para poder reconstruir la información en caso de fallo de uno de los discos. De esta forma ganamos por tanto velocidad de lectura y escritura así como capacidad de recuperación ante desastres. Hay varios tipos de RAID que podemos utilizar, y tendremos que estudiar cuál es el que mejor se acomoda a nuestras necesidades y presupuesto, pues recordemos que en muchos tipos de RAID la capacidad neta que obtenemos no es la suma de las capacidades de los discos utilizados, sino inferior para así ganar seguridad ante fallos.

Otras soluciones más sofisticadas para almacenar, que los simples discos incluidos en un host, son los servidores de almacenamiento. Consisten básicamente en una *caja* con discos. Dependiendo del tipo de conexión que tenga la máquina, podemos hablar de un sistema SAN o de un sistema NAS. NAS es básicamente el equivalente a tener un ordenador con Linux instalado con un disco que exporta al resto de los ordenadores. SAN lo que hace es que todos los ordenadores tengan una imagen del disco como si fuera propia. Es bastante más caro que NAS.

Si bien los discos mecánicos son los más habituales, han entrado con fuerza en el mercado los discos o unidades SSD, que almacenan los datos en memorias de tipo flash, lo que les permite alcanzar velocidades de lectura y escritura muy superiores a la de los discos mecánicos, si bien el precio es menos competitivo.

Estos discos son muy utilizados en ordenadores portátiles, pues aunque presentan menor capacidad habitualmente que los discos mecánicos, son más ligeros, consumen menos electricidad y son más rápidos como indicábamos, lo que hace que el trabajo en estos equipos sea más agradecido.

En los grandes servidores también podemos encontrar unidades SSD, en la que normalmente se instala el sistema operativo, dejando el alojamiento masivo a entornos de almacenamiento específicos, que pueden utilizar discos mecánicos o también discos SSD para mejorar la velocidad de acceso.

De forma adicional también evolucionaron los protocolos de control de bus, es decir, los protocolos para acceder a los datos, pudiendo trabajar con el protocolo NVMe con discos SSD alcanzando un número muy elavado de IOPs (operaciones de entrada/salida por segundo).

Y también como mejora, y de la mano de las ventajas de NVMe, hay unidades de almacenamiento con *factor de forma M.2*, es decir, unidades de almacenamiento que visualmente tienen más apariencia de módulos de memoria RAM que de discos duros, que nos permiten alcanzar tasas de transferencia muy altas y que ocupan muy poco, lo que las hace ideales por ejemplo para los ordenadores portátiles.

3.2.2. Memoria RAM.

Random Access Memory, o memoria de acceso aleatorio.

Esta memoria también se conoce como memoria *volátil*, y es la encargada de guardar la información que se va a utilizar en breve o que se está utilizando. Se usa porque la velocidad de acceso a los datos almacenados en ella es muy superior a la de acceso que se tiene en un disco duro.

La capacidad de la memoria RAM suele ser bastante reducida en comparación con los discos duros, dado su elevado coste en comparación con estos, y además hay que tener en cuenta que cuando se apaga el ordenador, la información almacenada en memoria RAM se pierde (de ahí el nombre *volátil*).

3.2.3. CD ROM.

Compact Disc Read Only Memory.

Un disco compacto ROM tiene el mismo aspecto que un CD de audio, aunque lo que en él se guarda son datos.

Estos discos están formados por un compuesto plástico con buenas propiedades ópticas, en el que se adhiere una capa de un material en la cual se grabará la información que el CD contendrá, en forma de microsurcos, y en la otra cara de esta capa es donde habitualmente rotulamos, de tal manera que hay que tener cuidado de no rotular con bolígrafos (puntas rígidas) ya que podemos dañarla.

En estos discos se pueden almacenar 650 Mega Bytes, 700 Mega Bytes e incluso 800 Mega Bytes, por lo que adquirieron una gran popularidad, junto con su reducido tamaño y precio razonable.

3.2.4. DVD ROM.

Digital Versatile Disc Read Only Memory.

El aspecto es el mismo que un disco compacto, no obstante la capacidad de almacenamiento va desde los 4 GigaBytes hasta los 17 GigaBytes.

Es un soporte pensado para vídeo digital, donde se necesita mucha información en un espacio reducido y resistente. No obstante, en él se pueden almacenar datos sin ningún problema.

Al igual que con los CD, que empezaron siendo muy utilizados para música pero apenas en informática, los DVD son muy utilizados al haber disminuido considerablemente el precio de las unidades grabadoras de DVD.

3.2.5. Unidades de memoria USB.

A día de hoy, ¿quién no ha utilizado un *pendrive*? Actualmente posiblemente es la unidad de almacenamiento más utilizada, dado que utiliza USB como medio de conexión, que está presente prácticamente en la totalidad de los ordenadores y también en dispositivos móviles. De esta forma tener nuestra información almacenada en un *pendrive* nos garantiza que posiblemente podamos acceder a ella en cualquier sitio.

Estas memorias a día de hoy tienen capacidades inimaginables cuando fueron desarrolladas inicialmente, dejando sus 8MB iniciales como una medida del pasado.

La ventaja sobre los CD y DVD no sólo es su tamaño, sino que podremos reescribir la información innumerables veces, borrando y almacenando nuevos datos con gran facilidad pudiendo además almacenar los datos tras haberlos cifrado, lo que también permite tener una gran tranquilidad en el caso de pérdida.

3.2.6. Placa madre.

Es un circuito impreso en el que se asientan todos los componentes de un ordenador, es decir, es el soporte del ordenador.

La placa madre es la que proporciona las vías (buses) por donde se transmite la información entre dispositivos, es donde está el procesador, donde está la memoria RAM, etc.

Si un componente del ordenador se daña, es muy posible que un elevado número de componentes del ordenador pueda seguir funcionando, no obstante una deficiencia en esta placa suele significar no poder utilizar el ordenador.

Placas madre hay muchas, y cuando se compra un ordenador es el componente en el cual uno se suele fijar menos, pero es de suma importancia. Por ejemplo una placa puede soportar un tipo de procesador pero no otro, es decir, una placa que nos sirva para un procesador de última generación de la marca Intel no nos tiene por qué servir para un procesador más antiguo de esta misma marca ni para un AMD. También hay que tener en cuenta que su diseño puede introducir limitaciones en cuanto a la memoria RAM que podemos utilizar en el ordenador y también en cuanto al número de posibles ampliaciones que podemos tener en el mismo.

Debido a estas limitaciones, y sobre todo porque nunca se sabe si en un futuro cercano o lejano queremos aumentar las posibilidades de nuestro ordenador, no es muy conveniente comprar una placa madre con pocas posibilidades de expansión.

3.2.7. Procesador.

Es el componente encargado de efectuar todas las operaciones de cómputo. En definitiva su nombre lo dice todo: Es el componente que procesa la información.

La capacidad de los procesadores se mide por el número de operaciones en coma flotante que puede realizar, es decir, el número de operaciones de números no enteros y con exponente que puede llevar a cabo, o también se puede medir por el número de operaciones con números enteros que puede realizar. Otra característica que mide la capacidad de los procesadores, aunque con menor fiabilidad (sobre todo cuando hablamos de procesadores de empresas distintas), es la frecuencia de reloj, es decir, el número de veces que puede llevar a cabo una operación en un segundo.

Si queremos comparar dos procesadores de la misma marca lo tenemos relativamente sencillo, pues lo que tenemos que hacer es saber cuál de los dos es el modelo más moderno, y es más que probable que será el más rápido (aunque no siempre es así). No obstante para tener una medida objetiva de la *rapidez* de un procesador lo mejor es mirar comparativas, como por ejemplo las que se pueden obtener de:

```
https://www.spec.org
```

En esta página podemos ver diferentes resultados de distintas ejecuciones, pues esta organización se encarga de probar los procesadores con diferentes códigos, de tal forma que es conveniente mirar qué prueba nos resulta más interesante, pues no es lo mismo un ordenador que se va a utilizar en cálculo científico que un ordenador que se va a utilizar en procesamiento de imágenes.

Es muy importante tener en cuenta que el tipo de procesador adecuado depende enormemente del uso que vayamos a dar a nuestro ordenador.

Los procesadores pueden contener más de un núcleo, lo cual multiplica las prestaciones del procesador, teniendo en cuenta que dichos núcleos comparten la caché del procesador, o memoria de acceso rápido. Si ponemos al máximo de potencia un dual core, prácticamente trabaja como si tuviera dos procesadores sencillos. Con un Quad-Core, tendríamos algo parecido a cuatro procesadores, etc.

Conviene no confundir los procesadores con los sockets, receptáculos de procesadores y que no todos tienen por qué estar ocupados por un procesador. Es decir, podemos comprar un equipo de cuatro sockets y utilizar dos de ellos para conectar dos procesadores. No es algo habitual, pues se suelen utilizar tantos procesadores como sockets, pero es posible.

3.2.8. GPU.

Las unidades de procesamiento gráfico (GPU) son circuitos electrónicos especializados diseñados en origen para acelerar los elementos gráficos de un ordenador, procesando las imágenes de forma eficiente y acelerada, sin necesidad de utilizar la CPU para estas necesidades.

Estas unidades han ido evolucionado rápidamente, contando con capacidades gráficas muy limitadas en sus orígenes, pero permitiendo en la actualidad trabajar con juegos tremendamente realistas, con tiempos de respuesta tan pequeños que la calidad y sensación de los juegos es impresionante.

A la vista de la capacidad de estas unidades, empezaron a darles otros usos además de los juegos, como forma alternativa a las CPU en cuanto a ejecución de códigos se refiere, dado que tienen un comportamiento espectacular en la ejecución de determinadas familias de programas.

Si bien por ejemplo el campo de la bioinformática fue un gran impulsor en el uso de las GPU en la ejecución de códigos científicos, la Inteligencia Artificial las ha dado un impulso enorme, dado que los códigos desarrollados para Inteligencia Artificial son fácilmente programables para este tipo de dispositivos, y la potencia que nos proporcionan ha hecho que la IA pueda alcanzar límites impensables hace unos años.

3.2.9. BIOS.

Basic Input Output System[14].

La BIOS es un pequeño componente emplazado en la placa madre que sirve para poder utilizar, de una forma muy simple, muy básica, los dispositivos de entrada y salida hasta que el sistema operativo haya sido cargado en memoria y entonces éste pueda hacer uso de los dispositivos de una forma más eficiente.

3.2.10. EFI.

Extensible Firmware Interface[15].

En 1999 se empezó a utilizar EFI en servidores con procesadores Itanium. Estos servidores estaban pensados para ser utilizados en aplicaciones específicas, principalmente de Computación Científica, y no para equipos particulares, sobre todo teniendo en cuenta el elevado precio que tenían.

EFI destronó a la BIOS de los equipos, tanto de servidores de alta gama como en los PC de consumo. Las principales ventajas siempre vienen de la mano de que es un pequeño sistema operativo. No es capaz de sustituir a un sistema operativo tipo Linux o Windows, ya que no tiene todas las características que tienen éstos, pero es capaz de poder ejecutar ciertas aplicaciones (diagnóstico, particionado, etc.) que pueden ser programadas en lenguaje C, siendo esto de gran ayuda y una ventaja sobre la BIOS, que hay que programarla en lenguaje ensamblador.

3.2.11. FSB.

Front Side Bus[16].

Este bus, o conducto, comunica la CPU de un ordenador con el chipset (un controlador de tráfico), de tal forma que por él se transportan señales de datos, control y direcciones. En un ejemplo fácil de entender, el FSB es la carretera que comunica la CPU con, básicamente, el resto de los componentes, y por lo tanto es un claro limitante de las prestaciones que puede alcanzar un equipo.

El ancho de banda que puede alcanzar este bus depende de su frecuencia de reloj así como del tamaño de los datos que puede transferir en cada ciclo de reloj y del tamaño del FSB. Si tenemos por ejemplo que un FSB es de 32bits, en cada ciclo de reloj puede realizar cuatro transferencias y utiliza una frecuencia de 100MHz, tenemos un resultado de 1600MB/s.

El FSB fue masivamente utilizado por Intel, y muy criticado por otras compañías, debido a la limitación que introduce en la velocidad final del equipo, ya que siempre vamos a depender de la mejora de este bus a la hora de poder alcanzar resultados mejores en los equipos finales.

3.2.12. HyperTransport.

El HyperTransport (HT)[17], es un enlace punto a punto de baja latencia bidireccional con un gran ancho de banda, y puede funcionar tanto en serie como en paralelo.

Ha sido utilizado por muchos fabricantes, si bien el más conocido de todos es AMD, prefiriendo esta tecnología al criticado FSB. HyperTransport puede ser combinado en una máquina con diferentes interconexiones, es decir, podemos conectar los procesadores mediante conexiones de un gran ancho de banda, mientras que los periféricos se conectarían con un ancho de banda menor, pues sus requerimientos no son tan elevados. Lo interesante es que ambos enlaces utilizan la misma tecnología, de tal forma que permite realizar esta integración con gran facilidad.

HyperTransport añade a sus ventajas que es una especificación abierta, de tal forma que puede realizar infinidad de conexiones sin necesidad de adaptadores, como sucede con el FSB que es una tecnología propietaria.

En el caso de AMD los procesadores se conectan gracias a este enlace, ofreciendo un intercambio de datos entre ellos a una elevada velocidad, de tal forma que podemos ejecutar programas en paralelo (que utilicen varios procesadores) con una gran eficiencia.

3.2.13. Intel QuickPath/UltraPath Interconnect.

Viendo las desventajas que introducía FSB con respecto al HyperTransport, y que AMD conseguía mejores prestaciones, Intel decidió crear el *Intel QuickPath Interconnect*[18], utilizando la misma idea de HyperTransport, es decir, ser una conexión de alta velocidad punto a punto entre procesadores. Esta tecnología tuvo una evolución hacia Intel Ultra Path Interconnect desde 2017, introduciendo esta mejora en las plataformas Xeon Skylake-SP.

Este enlace entonces permite conectar una CPU a un Hub de entrada/salida por ejemplo, pero también permite múltiples conexiones desde varias CPUs a este Hub, de tal forma que así podemos crecer fácilmente y sin el embudo que producía el FSB.

3.2.14. Virtualización.

En ocasiones es complicado *exprimir* todos los recursos de un equipo. Virtualizar es fragmentar la máquina o el procesador, en diferentes fracciones, de tal forma que cada sección se aprovecha con un operativo distinto. Imaginemos que estamos dando servicios de hosting, y se quiere usar Windows o MacOS, por ejemplo. Se puede fragmentar 3 ó 4 unidades de cálculo de las totales existentes, separar, y en ellas instalar Linux, en otras Windows, y en otras MacOS. Los tres operativos conviven. Existen programas como Parallels[19], VMware[20], VirtualBox[21], etc... que crean máquinas virtuales. Al ejecutarlos se carga un sistema operativo virtual que hace uso de parte del hardware total del sistema.

3.2.15. Tarjetas.

La forma de aumentar las posibilidades de un ordenador normalmente viene de la mano de las tarjetas, que son unos circuitos impresos, bastante más pequeños que la placa madre y que se conectan a ésta.

Tarjetas hay muchas, y con diversas funciones. Podemos por ejemplo instalar en nuestro ordenador una tarjeta que nos permita trabajar con sonido, o una que nos permita trabajar con gráficos de alta resolución, u otra que nos permita tener una conexión de alta velocidad. Todas ellas se conectan a unas bahías ubicadas en la placa madre.

Cuantas más bahías tenga nuestra placa madre, cuantos más conectores de este tipo tenga nuestra placa madre, más posibilidades tendremos de aumentar las prestaciones de nuestro ordenador.

3.2.16. Teclado.

Es el dispositivo de entrada más utilizado, y realmente es raro no haber visto nunca ninguno, sobre todo hoy en día, aunque no hayamos utilizado nunca un ordenador.

Mediante el teclado podemos introducir las órdenes que deseemos al ordenador, así como los datos que nos interese que el ordenador adquiera, por lo tanto su importancia es crucial y su precio es mínimo en comparación con cualquier otro componente de un ordenador.

Teclados hay de muchos tipos, y es frecuente observar diferencias, sobre todo producidas por los idiomas, pues por ejemplo el teclado utilizado en España tiene la posibilidad del carácter ñ, que no la tienen otros teclados, como por ejemplo el inglés. Estas - diferencias normalmente no afectan a la hora de configurar una máquina, no obstante es conveniente especificar al máximo todos los datos de nuestro ordenador, por eso no está de más saber si nuestro teclado es de 102 teclas, de 105, etc.

Los teclados antiguos se conectaban por medio de conectores DIM, que son conexiones redondas de *gran* tamaño (un centímetro y medio de diámetro aproximadamente). Este tipo de conexiones dieron el paso a favor de los conectores PS/2, que son conectores redondos también, pero de menor tamaño, si bien lo más utilizado es el estándar USB, que son conectores rectangulares planos, pues este tipo de conexiones no sólo sirven para teclados sino para otros muchos dispositivos.

3.2.17. Ratón.

Es un dispositivo que desde su nacimiento se ha estado imponiendo cada vez más, siendo ahora impensable sistemas operativos que no ofrezcan iconos donde, tras un *click* del ratón se desencadene una acción.

Las dos diferencias más fundamentales en un ratón, que influyen a la hora de las configuraciones de los sistemas operativos para que puedan operar con ellos, son el número de botones que tienen (dos o tres) y el tipo de conector que poseen. Desaparecidos los ratones con conectores tipo serie (conexión en forma de trapecio) fueron muy utilizados los que tenían conexiones tipo PS/2, si bien hoy en día el estándar USB es el único que podemos encontrar en las tiendas, si no hablamos de conexiones inalámbricas.

Capítulo 4

Sistemas de archivos.

4.1. Cómo se distribuye la información en el disco duro. Qué es un sistema de archivos.

Un disco duro convencional es un soporte rígido que podemos alterar magnéticamente a nuestro gusto. Es como si tuviéramos muchas bombillas una tras otra que pudiéramos ir encendiendo o apagando. También podemos trabajar con discos SSD, y la idea sigue siendo la misma, es decir, podemos realizar ciertas alteraciones en su memoria FLASH para codificar un 1 o un 0.

Gracias al álgebra binaria, lo que podemos hacer es que este *encender y apagar* bombillas represente información. Es decir, podemos ir agrupando las bombillas en grupos de *n*, de tal forma que las diferentes posibilidades que nos dan estas n bombillas sean suficientes para representar lo que queremos. Por ejemplo el conjunto de mayúsculas, minúsculas, números y caracteres especiales que utilizamos habitualmente, de tal forma que a la hora de escribir en un disco duro un archivo con un capítulo de un libro, lo que haría el ordenador es *traducir* cada uno de los caracteres que hemos introducido por el teclado a grupos de n *bombillas* (n bits) que *encendería o apagaría* en el disco duro.

Todo esto puede resultar un auténtico caos si no se hace con cierta normalización, es decir, el programa de texto no debe escribir nuestro capítulo donde quiera y de la manera que quiera, ni nuestro gestor de base de datos tampoco puede leer la base de datos de donde le apetezca, sino que tienen que seguir las reglas establecidas por el sistema de archivos.

Un almacén de cualquier hipermercado nos puede servir de ejemplo en cuanto a un disco duro: En él tienen un número muy considerable de productos distribuídos por estanterías, y la manera de que cualquier persona empleada sepa exactamente dónde ir para reponer un producto agotado, es que tengan actualizado y bien organizado un libro de registro donde se pueda obtener información sobre la posición exacta de un producto que llegó al almacén hace tres días traído por la empresa X, y si hay que coger este producto de la estantería correspondiente, la persona responsable del almacén debe apuntarlo consecuentemente en su registro.

Podríamos complicar esto aún más, pues es posible entonces pasar de este ejemplo a una sala de un banco donde se guardan efectos personales en cajas fuertes. Además de tener un libro de registro donde diga exactamente dónde está la caja número 123556, también tendrá que estar registrado quién puede recoger lo que contiene, que puede ser la persona que pidió la caja, también puede ser su pareja o quizás haya un listado de personas autorizadas.

Realmente un sistema de archivos es equivalente a lo que hemos contado, una forma de distribuir la información en el disco duro de tal forma que se sepa en cualquier momento dónde está cada cosa, y luego se puede complicar permitiendo alcanzar esta información a ciertas cuentas, dependiendo de si están autorizadas o no.

El ejemplo sencillo lo podemos encontrar en sistemas operativos como DOS y Windows en sus versiones 95 y 98, ya que estos sistemas operativos estaban pensados para uso de una única persona, o al menos para un uso donde la seguridad en este sentido no es fundamental. En sistemas operativos como Windows en sus versiones NT, 2000, XP o posteriores o en sistemas operativos UNIX, y Linux, el sistema de archivos tiene en cuenta políticas de seguridad y de autenticación, de tal forma que un archivo es grabado en el disco duro apuntando en la *libreta de registro* dónde está y quién puede tener acceso a él.

Sistemas de archivos hay muchos, y cada uno de ellos es distinto, no obstante hay sistemas operativos que tienen herramientas que permiten compatibilizar sistemas de archivos que no son propios, pues hay que tener en cuenta que un disco grabado por un sistema operativo *A* no tiene por qué ser entendido, ni mucho menos, por un sistema operativo *B*, aunque en definitiva, al final, sólamente sean unos y ceros...

4.2. Sistemas de archivos:

4.2.1. FAT.

File Allocation Table[22].

Es un sistema de archivos que nació en 1981, por lo tanto podríamos decir que, en términos informáticos, es antiguo, y quizás por esta razón está bastante bien soportado en muchos sistemas operativos, aunque no lo utilicen como sistema de archivos nativo.

FAT permite archivos de como máximo 8 caracteres para el nombre y 3 para la extensión, es decir, un archivo correcto podría ser *archivo1.bat* pero no *archivo1-del-libro-de-fisica.texto*. Además los archivos no pueden contener espacios en su nombre y no se pueden diferenciar mayúsculas de minúsculas, es decir, es lo mismo *ARCHIVO* que *ArchIvO*.

En nuestro ejemplo del *almacén* como sistema de archivos, podríamos decir que estamos ante un almacén pequeño, nuevo en el negocio, que no se puede permitir almacenar cajas muy grandes por problemas de capacidad y además quien gestiona el almacén se puede confundir si encuentra dos marcas que tienen el mismo nombre pero diferente logotipo ya que acaba de empezar a trabajar y no tiene gran experiencia.

4.2.2. VFAT.

Este sistema de archivos[22] es una extensión de FAT que nació con Windows 95. Permite ficheros con nombres de más de 8:3 - caracteres, pudiendo alcanzar hasta los 255 caracteres. También puede trabajar con espacios en el nombre de los ficheros y guarda cada archivo, por así decirlo, con dos nombres, uno siguiendo las reglas de FAT (8:3 caracteres), y otro de la forma nativa (hasta 255 caracteres), para así permitir la posibilidad de que los ficheros creados con VFAT los pueda entender un sistema FAT.

4.2.3. FAT32.

Debido al aumento del tamaño de los discos, se impuso en Microsoft la necesidad de diseñar un sistema de archivos que pudiera dar soporte a discos con gran capacidad de almacenamiento[22].

Bajo esta idea nació FAT32, que permitía dar direcciones de grupos de 32 bits (realmente 28 bits son los que se utilizan para almacenar el número de grupo), permitiendo por tanto un almacenamiento de hasta dos terabytes.

4.2.4. NTFS.

New Technology File System.

Con el nacimiento de Microsoft NT, se vio que los sistemas de archivos que ofrecía Microsoft no podían competir bien en ciertos sectores donde la seguridad y la ausencia de fallos son vitales, como por ejemplo en servidores, tanto para servicios de la Internet como para empresas.

Hasta NTFS[22], en los sistemas operativos de Microsoft realmente no se habían tenido en cuenta facetas de seguridad, como por ejemplo permitir el acceso a un archivo a una cuenta concreta, a un grupo, etc. En los sistemas de archivos que hemos visto cualquier persona que se ponga delante de la computadora tiene acceso ilimitado a cualquier parte del disco duro, mientras que con un sistema de archivos tipo NTFS su autenticación será la que le permita acceder a ciertas zonas del disco duro: Ahora tenemos un almacén de banco, donde el acceso a una de las cajas de caudales será posible siempre y cuando nos identifiquemos como una persona autorizada a abrir esta caja.

Además se implementaron nuevas ideas para la tolerancia de fallos, journaling, redundancia de datos, hard links, compresión, etc.

4.2.5. UFS.

UNIX File System.

Es el sistema de archivos utilizado en la mayoría de los sistemas operativos UNIX, aunque muchos de estos sistemas operativos incluyen versiones propias mejoradas.

Con UFS lo que tenemos es que la información guardada en el disco duro se sabe por dónde está repartida gracias a unas referencias llamadas inodes, es decir, estos inodes señalan exactamente la posición, o posiciones, del disco duro por donde está repartido un archivo.

Cuando queremos hablar, por tanto, de un directorio, realmente de lo que hablamos es de un lista de inodes. Los inodes hacen referencia al archivo en sí, es decir, a las posiciones del disco duro donde se guarda en binario el archivo, pero también contienen información sobre el mismo, como puede ser la propiedad del fichero, los accesos que puede tener este archivo (grupos a los que les está permitido acceder al archivo), hora de grabación, hora de acceso, etc.

Si un directorio para lo que sirve es para estructurar la información, en el ejemplo del almacén estos serían las estanterías. Los directorios en UFS son unas estructuras que solamente contienen una lista con inodos, es decir, una lista con punteros a posiciones del disco duro, en definitiva, un directorio contiene archivos, pues contiene la lista de cómo poder acceder a los archivos dispuestos en el disco duro.

UFS permite nombres largos y de diferente propiedad, es decir, es equivalente en este sentido a NTFS, lo que ocurre es que UFS nació mucho antes que NTFS dada la necesidad de estabilidad y de confidencialidad en computadoras con sistema operativos UNIX.

4.2.6. ext2.

Linux tenía en un principio un sistema de archivos equivalente al utilizado por el sistema operativo Minix, en el que se basó Linus Torvalds para construir el núcleo de Linux, pero este sistema de archivos tenía el inconveniente que sólo podía sostener particiones de 64 MB, grandes en aquellos momentos, pero en cierto modo ridículas hoy en día (una canción en formato wav ocupa este tamaño).

Para eliminar este problema se desarrolló el Extended File System en 1992, y posteriormente el Second Extended File System[23] [24].

Con Extended File System se podían utilizar particiones de hasta 2 GiB, y además se podían alcanzar nombres de ficheros de hasta

255 caracteres, que era otra de las limitaciones que tenía Minix.

ext2 tuvo como mejora a ext la capacidad máxima de disco duro que se puede acceder con él, dejando atrás los 2 GiB y llegando a los 4 TiB con tamaño de bloque de 1 KiB y alcanzando los 32 TiB con tamaño de bloque de 8 KiB. Además este sistema de archivos permite guardar un tanto por ciento de disco para root, de tal forma que aun habiendo llegado a la máxima capacidad del disco, root siempre puede seguir escribiendo *un poco* más, muchas veces algo vital para evitar el colapso del sistema. Además implementa funciones, cara a mantenimiento y estabilidad, con grandes ventajas frente a otros sistemas de archivos, permitiendo celeridad a la hora de grabar archivos en disco duro, pero sin perder fiabilidad.

4.2.7.   ext3.

Desde la versión 2.4.16 del kernel, está disponible ext3[24], que es un sistema de archivos mejorado de Linux, que tiene en cuenta *journaling*:

Si un ordenador se apaga sin haberlo hecho a través de alguna orden del sistema operativo (por un corte eléctrico), puede haber inconsistencias en el disco, es decir, es posible que lo que haya escrito en el disco no sea exactamente lo que dice el disco que tiene. Cuando se dan estos problemas, esta información no se puede utilizar, y los diferentes sistemas operativos se protegen de diferentes formas, pudiendo tener ideas desde el típico scandisk de Windows, pasando por la actividad del Advfs de Compaq y llegando al journaling, que consiste en, antes de escribir al disco, guardar un log con lo que se va a hacer, de tal forma que cuando se arranque el ordenador se pueda comprobar si existe alguna incongruencia.

Este tipo de algoritmos se han implementado en diferentes sistemas de archivos, como por ejemplo ext3, que viene a sustituir a ext2.

Lo que podemos apreciar es que el sistema arranca mucho más rápido después de un corte eléctrico o de un *botonazo* por nuestra parte, ya que ext2 lo que hace, de ser necesario, es verificar el disco duro entero en busca de inconsistencias. Esta búsqueda suele tardar, sobre todo con los tamaños de los discos duros que se manejan actualmente. Con ext3 nos evitamos esta comprobación al tener el journal que nos indica dónde puede estar concretamente el problema, con lo que la carga del sistema operativo después de un apagado incorrecto se retarda mucho menos.

4.2.8. ext4.

ext4[25] es la evolución de ext3, que puede ser utilizado de forma estable (no experimental), desde la versión 2.6.28 del kernel de Linux.

Como casi todas las evoluciones de los diferentes sistemas de archivos, ext4 aumenta el tamaño máximo que puede tener el sistema de archivos, así como el tamaño máximo que puede tener un archivo. El primero pasa a ser 1 EiB y el segundo hasta 256 TiB (para tamaños de bloque de 64 KiB), es decir, 1 EiB es el límite que tenemos en la creación de un sistema de archivos.

Otro de los límites superados por ext4 con respecto a ext3 es el número máximo de subdirectorios que se pueden crear. En este sentido ext3 tiene un límite de 32000 subdirectorios como máximo contenidos en un único directorio, cantidad quizás más que suficiente en la inmensa mayoría de aplicaciones, pero superado por ext4 pasando a ser ilimitado el número de subdirectorios que se pueden crear.

Una ventaja añadida en ext4 es el uso de los *extents*, que son conjuntos de bloques contiguos. ext3 trabaja con bloques, es decir, a la hora de crear un archivo, va utilizando diferentes bloques para crearlo. Con ext4 lo que tenemos son conjuntos de bloques, de tal forma que así es más improbable la fragmentación de los archivos, aumentando la eficiencia a la hora de gestionar los datos en discos.

Los datos finalmente son grabados en bloques, de tal forma que cuando el sistema de archivos tiene que grabar un dato, tiene que *pedir* el bloque correspondiente. ext4 incluye una mejora que es poder pedir al mismo tiempo múltiples bloques, es decir, si necesito grabar un archivo que utilice múltiples bloques, en vez de tener que pedir múltiples veces bloques, haré muchas menos peticiones, y por lo tanto mejorará el rendimiento; es decir, en la práctica lo que se notará es que se graban los archivos más rápidamente. Además ext4 utiliza, al igual que otros sistemas de archivos como XFS o reiser4, una asignación de bloques demorada, es decir, en vez de localizar los bloques que necesita de forma inmediata, intenta retrasar este punto para así poder pedir múltiples bloques al mismo tiempo. Si tenemos una escritura de un archivo grande, esto permitirá una disminución en el tiempo de escritura, ya que la asignación de bloques se irá retrasando, y luego esta se podrá realizar de forma múltiple. Sin embargo, en sistemas de archivos como ext3 o reiser3 se van pidiendo los bloques desde el principio, por lo tanto esto retrasa la escritura finalmente.

Mediante el comando fsck se comprueba la integridad de un sistema de archivos, y este programa lo que tiene que hacer es ir comprobando todas las estructuras en busca de errores. Con ext4 lo que se permite es que este programa indique qué inodos no están siendo utilizados, de tal forma que en sucesivas ejecuciones no tendrá que comprobarlos, y por lo tanto su ejecución será más rápida.

El sistema de *journaling* también cambia significativamente con ext4. Tenemos que entender que este sistema permite realizar una comprobación de datos perdidos ante un incidente (por ejemplo corte de suministro eléctrico) de forma rápida. Para ello se guarda en una zona de disco un *informe*, un *journal* de lo que se está haciendo en cada momento. Esta zona del disco, al estar constantemente sometida a lecturas y escrituras, finalmente es más proclive a fallos de tipo hardware, y estos fallos pueden conllevar un problema cuando se comprueba si el disco contiene o no errores. Para evitar este tipo de situaciones ext4 introduce un *checksum* en el journal, es decir, realiza una operación sobre el journal para producir una cadena de bits, que debe ser la misma obtenida si se vuelve a ejecutar esta operación. En este sentido, si se realiza una comprobación del journal y su checksum no es el mismo, se cataloga el journal como erróneo y no se confía en él. Además ext4 permite desactivar por completo el journal. Quizás es una opción dramática, pero para sistemas en los que no se considere necesario esta mejora, se aumenta considerablemente el rendimiento.

Además con ext4 es posible reservar espacio en disco con anticipación, es decir, aplicaciones que saben que van a escribir en disco una cantidad determinada de bytes, pero no de forma inmediata, pueden efectuar esta reserva de espacio, para que así cuando se complete la escritura todo el archivo estará localizado de una forma uniforme.

4.2.9. XFS.

XFS[26] es un sistema de archivos desarrollado por SGI (Silicon Graphics Inc.) con journaling. Este sistema de archivos, gracias al journaling, permite arrancar rápidamente un sistema instalado sobre este sistema de archivos, después de una interrupción. Por ejemplo tras un corte en el suministro eléctrico este sistema de journaling está bastante optimizado para intentar minimizar el tiempo utilizado en este arranque.

Este sistema de archivos alcanza una capacidad máxima de 8 EiB, es decir, es plenamente de 64 bits en cuanto al direccionamiento, si bien para sistemas operativos de 32 bits el límite máximo es de 16 TiB.

En cuanto a la gestión del espacio, cabe decir que XFS es bastante sofisticado, de tal forma que utiliza *extents* variables (en tamaño), de tal forma que así se puede trabajar con más de un bloque al mismo tiempo, mejorando por tanto la velocidad de acceso, la eficiencia.

Además, para trabajar con sistemas de archivos XFS, se han desarrollado diferentes herramientas que facilitan la administración de los equipos. Por ejemplo con XFS es relativamente sencillo aumentar la capacidad del sistema de archivos, siempre que tengamos espacio libre disponible.

4.2.10. Sistemas de archivos distribuidos.

Hoy en día el almacenamiento es vital en nuestra vida. Cada vez hay más instituciones que desechan los almacenes *de papel*, para utilizar más y más el almacenamiento de la información en soportes como los discos duros. Hace unos años era inevitable creerse que un disco duro de unos 40 MB era *imposible* de ser llenado con los datos que se poseían en casa o incluso en la pequeña empresa, mientras que hoy en día cualquiera puede entender que la capacidad en disco necesaria para una empresa bien puede ser ilimitada, pues tiene un crecimiento diario que hay que soportar, necesitando en muchos casos seguir almacenando los datos anteriores.

Hoy en día hablamos perfectamente de *PetaBytes*, y no nos resulta *imposible* alcanzar los límites impuestos en los sistemas de archivos. Sabemos que los alcanzaremos, y cada vez más rápido, sin mayor problema.

El problema que plantea esta necesidad de almacenamiento es cómo acceder a los datos. Bien es cierto que hay cada vez mejores cabinas de almacenamiento, que son capaces de gestionar petabytes sin mayor problema, con anchos de banda increíbles para máquinas unidas mediante fibra óptica, ahora bien, ¿y si necesitamos acceder a esta información desde múltiples ordenadores?

Este caso se plantea diariamente en los Centros de Computación, ya que en estos el almacenamiento central es accedido por cientos o miles de servidores concurrentemente. En estos casos es implanteable servir la información con protocolos no creados concretamente para este problema, de ahí que hayan nacido los *sistemas de archivos distribuidos*.

La idea de estos sistemas es que el almacenamiento no esté localizado en un ordenador, en un servidor, sino que se distribuya en múltiples equipos, y que además haya servidores que tengan acceso a los *metadatos* (características de los ficheros) de una forma centralizada y así, cuando cientos de ordenadores requieran información, haya múltiples caminos para darla, de tal forma que evitamos congestiones, cuellos de botella, que harían inviable cualquier Centro de Computación, o situación equivalente.

Hay muchos sistemas de archivos distribuidos, pero hay dos que destacan o al menos son más utilizados. Estos son Lustre[27] y GPFS[28] (IBM Storage Scale). Lustre es un sistema de archivos *OpenSource*, mientras que GPFS es un sistema de archivos propietario desarrollado por IBM.

Capítulo 5

Comunicaciones.

5.1. ¿Qué es una dirección IP?

Cuando empezaron a interconectarse ordenadores, cuando empezó a implementarse la comunicación entre ordenadores, había un número reducido de éstos que podían hacerlo y a la hora de hacerse llamadas unos a otros no había excesivos problemas en cuanto a identificación, en muchos casos incluso era *el que había al otro lado de la línea*.

Poco a poco esta idea de comunicar ordenadores se fue extendiendo más y más, y lo que empezó como un estudio universitario pagado por el departamento de defensa de los Estados Unidos, acabó siendo lo que es hoy en día: La Internet, donde hay un número ingente de ordenadores conectados. Podemos imaginarnos que ahora sí que es necesario identificarlos, ya no es tan fácil como decir que es el ordenador que hay al otro lado de la línea, pues al otro lado de la línea hay millones de equipos. Para ello se creó el protocolo de Internet (IP)[29] donde se establecía una dirección única para cada equipo conectado a la Internet, es decir, cada equipo conectado a la Internet tiene un número que le identifica, y este número es conocido como dirección IP, número IP o simplemente IP.

Los números IP constan de cuatro campos (como 150.244.32.18), pudiendo variar cada uno de ellos de 0 a 255. Por lo tanto, es simple llegar a saber el número máximo de ordenadores que podemos identificar con este método; si bien es cierto que hay ciertos números con significados especiales no utilizados para identificar ordenadores.

Sabiendo que tenemos cuatro campos y éstos forman una IP, no nos será difícil hacernos a la idea de que podemos crear *familias* de IP, es decir, grupos de IP que tengan algo en común; por ejemplo podemos unir en una familia, en una red, a todos los ordenadores que empiecen por 159, pero también podemos unir en una familia a todos los ordenadores que empiecen por 150.244 o incluso podremos unir en una familia a todos los ordenadores cuyos números IP comiencen por 201.1.54 teniendo redes de tipo A, B y C respectivamente. Obviamente la cantidad de ordenadores que puede albergar una red de tipo A es muy elevada, pues hay que tener en cuenta que sólo fijamos uno de los números (el primero), mientras que podemos variar libremente los otros tres campos para identificar a ordenadores. Los números IP los podemos comprar, pues hay una organización que centraliza la asignación de los números IP, pero también podemos comprar una familia de IP. Comprar una *clase A* ya es imposible, pues hay que tener en cuenta que son mínimas (podría haber hasta 256, pero teniendo en cuenta que hay que dejar franjas para poder obtener redes de tipo B y C, son muchas menos), y todas ellas ya asignadas. De hecho ya es complicado conseguir incluso un único número IP, dado que todos han sido asignados.

Teniendo en cuenta el número de ordenadores con conexión que hay, y que se prevé que haya, es imposible sostener un sistema así con sólo cuatro campos en los que podemos variar, de ahí que se reservaran familias de número IP que se conocen como redes privadas.

Una red privada cumple exactamente la misma idea que cualquiera de las que hemos explicado: Asignar números IP a ordenadores. Por ejemplo la red 192.168.0.0/16 es una red privada, de tal forma que podré asignar, por ejemplo, la IP 192.168.0.2 a un ordenador sin mayor problema, lo que ocurre es que ninguno de estos ordenadores se podrá presentar a la Internet.

Las redes privadas que podemos utilizar son [30]:

```
10.0.0.0     -  10.255.255.255  (10.0.0.0/8)
172.16.0.0   -  172.31.255.255  (172.16.0.0/12)
192.168.0.0  -  192.168.255.255 (192.168.0.0/16)
```

es decir, si tenemos una de estas IP no podremos conectarnos di-

rectamente a Internet. Existen además algunas otras familias de IP
de uso específico, como las IP llamadas de autoconfiguración [31]
(169.254.0.0/16) que son utilizadas por algunos sistemas operativos
para auto asignarse una IP en el caso de que no teniendo una configuración con IP estática, no puedan acceder a un servidor DHCP
para que les asigne una IP.

Para ver la diferencia entre IP públicas y privadas podemos
hacer uso del ejemplo de los números de teléfono: Nosotros tenemos
asignado un número de teléfono único en el mundo (considerando
el código del país como parte del número de teléfono), implicando
ésto que si yo marco un número en concreto al otro lado de la
línea sonará un teléfono. Pero también existe otra posibilidad, y es
trabajar con extensiones, es decir, asignar por ejemplo a una línea
telefónica un número de cuatro dígitos. Si yo, desde mi teléfono
de casa, marco estos cuatro números no conseguiré hablar con una
persona conocida, pero si estoy en su empresa y marco estos cuatro
dígitos desde un teléfono de la misma, sí que me contestará.

El tener una empresa una centralita y trabajar con extensiones
es meramente por motivos de ahorro, y además porque si todas las
empresas tuvieran números *públicos* para todos sus teléfonos, ya
haría tiempo que estaríamos sin poder asignar más números. En el
campo de las comunicaciones es exactamente igual: hay quien se
puede permitir tener una IP pública o una familia de IP públicas
y hay quien no puede o no le interesa pagar tanto, y por lo tanto
identifica a sus ordenadores mediante números IP privados garanti-
zando su interconexión. Como en el caso de los teléfonos, si quiero
trabajar con extensiones (IP privadas), pero quiero que las personas
empleadas puedan llamar a teléfonos *públicos* (que mis ordenadores
puedan conectarse a otros con IP públicas), lo que tengo que hacer
es montar una centralita, es decir, *algo* que tenga una *cara* privada
y otra pública y que pueda gestionar conexiones entre una y otra
parte, de tal forma que yo puedo llamar a un número público que
es esta centralita, y pedir que se me ponga con la extensión 2546.
En el ejemplo de ordenadores puedo tener un ordenador que haga de centralita, teniendo este una parte pública y otra privada y
realizando las conexiones oportunas entre una zona y otra.

Además hay unas IP con significado especial y son la primera
y la última IP de cada conjunto (subred) que creemos. La primera

hace referencia a toda la red, y la última se utiliza para hacer una llamada de tipo broadcast, es decir, una llamada que deben atender todos los equipos de esta subred.

Podemos darnos cuenta de que el número de ordenadores a los que se puede asignar una dirección IP pública es limitado, y cada vez el número de ordenadores y dispositivos conectados a Internet es más elevado. En este sentido cabe indicar que existe una nueva versión del protocolo IP, la versión 6, que recibe el nombre de protocolo IPv6[32].

La idea de este protocolo es pasar de las 2^{32} direcciones de red diferentes que me ofrece el protocolo IPv4, a 2^{128} direcciones, es decir, un número de direcciones que a priori parece inagotable.

No obstante IPv6 no sólo agrega este aumento en la capacidad de direccionamiento, sumamente importante, sino que simplifica sus campos de cabecera, es decir, la información que hay que incluir en cada paquete enviado por red, de tal forma que así ahorramos ancho de banda, ya que enviamos, en definitiva, menos información por paquete. Hay que tener en cuenta en este sentido que todo tipo de comunicación siempre va a emplear un tanto por ciento del ancho de banda en el propio protocolo utilizado para establecer la conexión; es decir, si queremos enviar un paquete de datos desde un sitio A a un sitio B, necesariamente tenemos que indicar en el paquete al menos el destino. No sólo tenemos que incluir esta información, sino otros datos adicionales que aumentan el tamaño de los paquetes en una medida siempre fija. En este caso IPv6 ha simplificado esta información, de tal forma que ahora los paquetes enviados tienen, como parte fija, un peso menor que en IPv4 y por lo tanto se ahorra ancho de banda.

IPv6 además ha crecido en la era de las comunicaciones móviles, es decir, si bien al principio de Internet no era lógico crear un protocolo pensado en movilidad, ya que las instalaciones que se querían comunicar eran grandes equipos, hoy en día disponemos de dispositivos minúsculos que pueden tener acceso a Internet y que, por añadido, son móviles. Aquí por ejemplo tenemos las consolas, los teléfonos móviles, ordenadores de a bordo en coches, etc. Con el protocolo IPv4 es posible que todos estos dispositivos se conecten a Internet sin mayor problema, pero hay ciertas alternativas no disponibles fácilmente. Por ejemplo el poder alojar un servidor web en el ordenador de a bordo de mi coche, ya que cada vez que me conecte a Internet, la dirección IP que me asignen variará, de tal forma que será muy complicado que mis clientes puedan estar al tanto de estos cambios de forma constante. En este sentido hay posibilidades creadas para intentar paliar estos problemas, pero estas ideas se introducen de forma nativa al propio protocolo IPv6, de tal forma que nace pensando en la movilidad.

También otro punto fundamental en las comunicaciones es la seguridad. Lejos queda la idea de dos máquinas conectándose a través de una línea dedicada, donde era prácticamente imposible tener cualquier problema de seguridad en la comunicación. Hoy en día nuestros datos, y un tanto por ciento de estos siendo datos muy delicados, recorren kilómetros de cables hasta llegar a su destino, pasando por infinidad de servidores y quedando por tanto a merced de posibles capturas de información. Además IPv6 en principio hace innecesaria la idea de utilizar NAT (Network Address Translation), es decir, no necesitaremos que un equipo con IP pública se utilice por múltiples equipos con direccionamiento privado para acceder a Internet, sino que hay suficientes direcciones con IPv6 como para poder asignar direcciones diferentes a todos. Esto es una mejora en cuanto a seguridad dado que por ejemplo los cortafuegos podrán ser más concretos sobre qué tipo de conexiones se permiten o no.

5.2. ¿Qué es un servidor de nombres?

Dar un número IP a un ordenador para identificarle es una magnífica idea, pero tiene el problema de que la mente humana trabaja normalmente mejor con asociaciones de letras que con números, y acordarnos de que nuestro equipo tiene la IP 150.244.214.237 es, posiblemente, complicado. Por ello se acordó la posibilidad de asociar un número IP con un nombre, es decir, una asociación de caracteres agrupada también en cuatro campos, teniendo por ejemplo que el número IP 150.244.214.237 está asociado al nombre IP www.uam.es, y es mucho más fácil que yo me acuerde así de cuál es el ordenador, sobre todo si se siguen ciertas reglas nemotécnicas.

El problema de esta idea es que yo puedo tener apuntados en mi ordenador, en algún fichero de configuración (/etc/hosts) las equivalencias de un grupo de ordenadores, pero me es imposible tener la relación de todos los ordenadores que existen en la Internet. Para desempeñar esta misión se creó la figura del servidor de nombres[33], que es un ordenador que tiene una base de datos con relaciones número IP-nombre.

Obviamente sigue siendo imposible que un ordenador tenga todas las direcciones en una base de datos propia, sobre todo porque esta información (esta relación nombre-número), puede cambiar a cada momento y la actualización así sería imposible, pues constantemente se producen modificaciones en diferentes universidades, empresas, etc. Cada empresa, organización, etc. que gestiona una red tiene un ordenador, o varios para tener redundancia, que gestionan su propia base de datos. Si un ordenador de esta red quiere saber el número de otro ordenador de esta red, preguntará al servidor de nombres y éste le dirá exactamente el número; y si lo que quiere saber es el nombre de un ordenador que hay en otra institución, también hará la pregunta a su servidor de nombres, y éste le responderá, pero después de haber consultado a su homólogo en la otra institución.

En definitiva es como la libreta reducida que normalmente llevamos encima donde buscamos el teléfono de *Luis Felipe* o el de *Mamen*, ya que nos es más fácil acordarnos de su nombre que de su número de teléfono, y en el caso de ser un número que no tengamos en nuestra agenda (por razones de dimensión), lo que haremos será llamar a nuestro proveedor de telefonía para preguntar por el número en cuestión.

5.3.   ¿Qué es una subred?

Aunque yo haya adquirido una red B, y por lo tanto pueda asignar números IP hasta completar todas las posibilidades que tengo, es muy probable que quiera diferenciar ordenadores, es decir, es posible que quiera agrupar ordenadores en subredes[29].

Una subred, es decir, un conjunto de ordenadores, se puede hacer simplemente por motivos de gestión pues quizás trabaje yo mejor con 254 carpetas, cada una de ellas con 254 hojas en las cuales vaya apuntando los números que he dado. Por ejemplo puedo decir que los ordenadores del departamento de Física Teórica estarán en la carpeta 10, es decir, todos sus números IP empezarán por

150.244.10, mientras que los ordenadores de Química son los que están en la carpeta 37.

También puedo dividir los ordenadores en subredes por razones de seguridad, y es que puedo plantear una política tal que los ordenadores difícilmente controlables como puede ser el caso de un aula de informática no puedan acceder a otros ordenadores del resto del campus, ya que hay muchas posibilidades de que desde estos ordenadores sean atacados ordenadores dedicados a investigación, pero también puedo limitar el acceso a una serie de ordenadores que gestionan por ejemplo las nóminas del personal o la matriculación, etc.

Con esto queremos decir que siempre se puede hacer una agrupación de un número finito de ordenadores mediante su número IP, que llamaremos subred.

5.4. ¿Qué es una máscara de red?

Cuando un ordenador se quiere comunicar con otro, lo que tiene que hacer es llamarle directamente, pero muchas veces es imposible hacer esto por impedimentos físicos, es decir, me es imposible hacer una llamada directa desde un ordenador de la UAM a un ordenador de EEUU sin ayuda de ordenadores intermedios.

Para que mi ordenador *sepa* si la llamada la puede hacer directamente o tiene que hacer uso de algún intermediario, le tenemos que programar la máscara de red[29], que es un número equivalente a un número IP en cuanto a que tiene cuatro campos.

Uilizando un ejemplo sencillo, si a nuestro ordenador le ponemos de máscara de red el número 255.255.255.0, podrá conectarse directamente con todos los ordenadores cuyos tres primeros campos del número IP sean iguales a sus tres primeros campos, y tendrá que hacer uso de un ordenador, llamado puerta de enlace (gateway), para realizar las conexiones con el resto de ordenadores. En cada caso, cada vez que ordenador necesite llevar a cabo una conexión, realizará una serie de operaciones AND para concluir si puede realizar la conexión directamente o bien necesita de un router para llevarla a cabo.

Hay que tener muy en cuenta cómo tenemos distribuida nuestra red, pues la equivocación en la asignación de la máscara de red puede inducir a graves errores.

No obstante la imposibilidad de una comunicación directa no sólamente se tiene que dar debido a una limitación geográfica, pues por ejemplo yo he podido gestionar mi red en subredes por motivos de seguridad, como comentábamos antes, y también puedo dividir *físicamente* el campus en subredes, de tal forma que aunque las IP tengan siempre los dos primeros campos iguales, yo tenga la obligación de pasar a otra subred a través del enlace debido a cómo se ha gestionado el cableado.

La máscara de red describe la red que se ha creado, limita la IP más baja de la red y la más alta, y por lo tanto las IP de los equipos que formarán parte de la red. Se nos indicará cuál es cada vez que demos de alta un equipo en nuestra institución, o se asignará de forma automática si así es como se gestionan las conexiones. En cualquier caso es fundamental que la máscara sea la correcta, la que describe perfectamente la red, para que así nuestro equipo no tenga ningún problema a la hora de conectarse.

5.5.   ¿Qué es un router?

Cuando yo quiero mandar información a un ordenador de Australia, la información tiene que seguir un camino concreto. Este camino no tiene por qué ser uno y sólo uno, pues mi información puede ir a Australia directamente vía satélite, o bien puede ir vía Europa, o bien vía América...

Los encargados de establecer el camino que va a seguir la información que yo he enviado son los routers, que son ordenadores o equipos específicos, encargados de establecer rutas dinámica o estáticamente para hacer llegar los paquetes de información desde el origen al destino de una forma correcta, tanto en integridad como en tiempo.

Hay que tener en cuenta que un ordenador, y también un router, tiene constancia exclusivamente de sí mismo, no sabe qué hay más allá del cable, pero sí que le podemos definir reglas para utilizar un cable u otro. Un router lo que tiene son diferentes cables, y cada uno de ellos con una etiqueta (fija o cambiante) que indica qué es lo que recibe por ese cable y qué es lo que tiene que mandar por ese cable, de tal manera que si un router tiene tres cables (A, B y C) y por el B le llega un paquete de información que desea ir a Europa, comprueba si *Europa* está en la regla del cable A o en la del C, y envía este paquete por el que corresponda.

Los routers pueden tener reglas fijas, es decir, siempre que tenga que mandar un paquete a Europa, este tiene que ir por el cable A, o cambiantes dependiendo de los tiempos de demora o de posibles incidentes con las líneas de conexión, de tal forma que a las siete de la tarde los paquetes con dirección a Europa se mandan por el cable A pero a las siete y un minuto, debido a una avería en el tendido, toda la información con destino a Europa la manda por el cable C.

5.6.   ¿Qué es un hub?

Venimos hablando de *ordenadores conectados* pero en ningún momento hemos hablado de cómo están conectados.

Podemos hacernos a la idea de que están conectados mediante un cable pero, ¿tengo que conectar todos los ordenadores con todos? Efectivamente esta idea sería impracticable, pues si tuviéramos sólamente tres ordenadores, tendríamos que hacer uso de dos cables de red en cada ordenador, aumentando el número de cables enormemente conforme el número de ordenadores a conectar crece.

Para evitar tener que utilizar tantos cables se crearon los hubs, que son dispositivos con un número de *bocas* en las cuales puedo conectar los cables provenientes de los ordenadores, y estos dispositivos actuarán de forma análoga a un *ladrón* de electricidad, es decir, lo que entre por una de las bocas lo mandará al resto consiguiendo conectar todos con todos.

La limitación que tiene un hub es que cuando un ordenador está mandando información el resto de los ordenadores conectados al hub tiene que estar en silencio, pues si no la información de éste chocará con la enviada por otro ordenador, perdiéndose entonces ambas.

5.7.   ¿Qué es un switch?

La idea de un switch es equivalente a la de un hub, es decir, mantiene conectados a ordenadores, y además tiene un aspecto equivalente a un hub, muchas veces sólo diferenciable de un hub externamente gracias a que viene impreso en el chasis la marca y el modelo.

La diferencia fundamental con un hub es que el switch no *remanda* por todas las bocas lo que viene de una, sino que establece un *camino* entre las bocas origen y destino de la comunicación, y por lo tanto mientras un ordenador *habla* y otro *escucha* el resto no tiene por qué estar en silencio, sino que pueden comunicarse con los otros ordenadores que están libres.

Cada cierto tiempo todas las conexiones se liberan para evitar que dos ordenadores estén comunicándose entre ellos de forma ilimitada y un tercero no pueda establecer una comunicación con uno de estos dos.

5.8. ¿Qué es el número ethernet?

Si hacemos la analogía de que un número IP es una matrícula de un coche, podremos decir que un número ethernet[29] es el número del bastidor, es decir, el número que tienen grabados en el chasis los coches:

Una matrícula puede ponerse en mi coche pero si quiero la puedo poner (legalmente o ilegalmente) en otro; sin embargo el número de bastidor está grabado en la carrocería de mi coche, y cambiarle requiere de técnicas más complicadas que el uso de un destornillador.

El número ethernet, también llamado simplemente *ethernet*, es una combinación de doce números hexadecimales (del 0 al 9 y de la A a la F) agrupados en parejas (por lo tanto seis parejas) que está grabado en la tarjeta de red, y este número es único, de tal forma que es una manera de identificar más fiablemente a un equipo, pues podremos por supuesto cambiar la tarjeta de red y poner otra, pero es algo mucho más complicado que cambiar un número IP que podemos hacer simplemente a *golpe de ratón*.

Los números ethernet se utilizan para establecer comunicación entre dos ordenadores.

5.9. Cables de red.

Hay que tener en mente que el cable de red es muy importante, y muchas veces no le damos mayor importancia.

Los cables más extendidos hoy en día son los cables par trenzado, que constan de ocho hilos agrupados en pares, y cada par está trenzado (de ahí su nombre). Este tipo de cables fueron diseñados no sólo para poder conectar ordenadores, sino que se pueden utilizar también en telefonía por ejemplo.

Los cables para ordenadores pueden ser cruzados o no cruzados. Un cable no cruzado es aquel en el que no cruzamos ningún cable a la hora de poner los terminales al mismo. Es decir, el orden de los hilos en un extremo es el mismo que en el otro extremo. Un cable cruzado es aquél en el que el orden de los ochos hilos en un extremo no es el mismo que en el otro extremo, ya que ha habido un cruce.

Los cables cruzados sirven para conectar dos ordenadores entre sí directamente (sin hacer uso de hub ni de switch), y podemos hacernos a la idea de por qué son cruzados. lo que para un ordenador es la entrada para el otro es la salida, si bien a día de hoy los ordenadores pueden ser conectados con cables no cruzados.

Los ocho hilos del cable, además de ir trenzados dos a dos, vienen protegidos por una envoltura plástica, que puede contener también un hilo metálico que actúa de *toma de tierra*, de tal manera que podemos tener una instalación de red que tenga *toma de tierra*. La diferencia de un cable con *toma de tierra* (llamado STP) con respecto a un cable sin *toma de tierra* (UTP) es que tienen este cable metálico, pero además que los conectores (las piezas de plástico que conectamos a la tarjeta de red) tienen una parte metálica o no respectivamente. Es aconsejable no utilizar cables STP si la instalación de red no está preparada para ello.

Además los cables pueden discriminarse por la categoría a la que pertenezca, ya que cuanto mejores son, su categoría es mayor. Un cable de más categoría en principio portará mejor la señal, es decir, es posible que un cable no soporte velocidades Gigabit, pero sí Fast-Ethernet (100Mb/s) debido a que su categoría no está indicado para ello, eso sí, el cable preparado para 40Gbps (con categoría suficiente para *soportar* 40Gbps), podrá ser utilizado para redes Fast-Ethernet pues, al menos de momento, siempre existe esta compatibilidad.

Con todo ello, cuando compremos un cable hay que elegirlo de una categoría suficiente para nuestra instalación.

Y de ninguna manera debemos olvidarnos de la fibra óptica. Si bien es cierto que prácticamente siempre vamos a conectar nuestros equipos personales con cables ethernet *de cobre*, la fibra óptica se utiliza mucho a la hora de conectar servidores y, por supuesto, a la hora de conectar elementos de red.

Los cables de fibra óptica tienen muchas ventajas sobre los convencionales de cobre, y es que, considerando la misma longitud, son más ligeros y ocupan menos volumen. Además permiten realizar transmisiones a mayor velocidad y en longitudes mucho mayores. El problema es que son más caros, quizás no tanto el cable en sí, sino toda la electrónica necesaria para poder transmitir datos a través de estos cables.

Además, aunque es cierto lo que indicábamos acerca de su uso, ya los podemos ver en las casas residenciales, dado que ahora muchas conexiones a Internet que nos ofrecen las empresas de telecomunicaciones están basadas en *fibra*. Es decir, la conexión a Internet que tenemos en muchas casas es posible gracias a un cable de fibra óptica, permitiendo velocidades de acceso a Internet elevadas, pudiendo incluso contratar la instalación de cableado de fibra no sólo hasta el punto de entrada de nuestra casa, sino a lo largo de las diferentes habitaciones, teniendo así anchos de banda altos en cualquier punto del domicilio.

5.10. Wireless.

Cuando hablamos de comunicaciones, es inevitable hoy en día hablar de Wireless.

Hace unos años todos los ordenadores debían ser conectados a la Internet, o a una intranet, mediante un cable, de tal forma que el puesto de trabajo estaba muy condicionado al punto de acceso a Internet que se nos proporcionaba.

El nacimiento de los ordenadores portátiles introdujo la necesidad de desprendernos de estar obligatoriamente anclados a un punto determinado para poder tener acceso a Internet, de ahí que nacieran las tarjetas de red inalámbricas, y por supuesto las redes inalámbricas o wireless.

Dentro de las conexiones inalámbricas tenemos diferentes posibilidades, si bien las conexiones WiFi son las más conocidas y utilizadas.

En este sentido lo que tenemos es una conexión a Internet soportada por un proveedor de servicios, que llega a nuestra casa por algún medio alámbrico (par trenzado, cable coaxial, etc.), que termina en un módem o router inalámbrico, que da cobertura de unas decenas de metros y permite que podamos tener conectividad sin hilos en nuestra casa o en una zona alrededor de este punto de acceso.

Este tipo de conexiones, debido principalmente a su gran uso, son muy baratas y prácticamente todos los portátiles disponen de una tarjeta WiFi que permite este tipo de conexiones, y además ya las encontramos en teléfonos, consolas, etc.

Las conexiones WiFi pueden realizarse en diferentes bandas del espectro electromagnético, bandas de asignación libre que permiten que cualquiera pueda utilizarlas sin licencia del Ministerio de Industria, y dependiendo de nuestro módem/router y nuestra tarjeta inalámbrica, utilizaremos la mejor banda que permita la buena emisión/recepción.

Teniendo en cuenta que las conexiones inalámbricas pueden ser capturadas por terceros, la seguridad se hace obligatoria, y por ello surgieron diferentes mecanismos / protocolos con el fin de cifrar este tipo de conexiones.

Capítulo 6

Instalación.

Instalar Linux estando Microsoft Windows ya instalado en el ordenador no se diferencia apenas a instalarlo sin ningún sistema operativo previo salvo en un par de cosas: A la hora de particionar el disco duro, y a la hora de instalar el gestor de arranque.

A la hora de particionar el disco duro, en este tipo de instalaciones, tenemos que tener mucho cuidado en no eliminar la partición del sistema operativo que tengamos instalado en nuestro ordenador. En cuanto al gestor de arranque solamente comentar que nos aparecerá la opción de cargar también Windows.

Lo primero que haremos será meter el DVD o el CD o el USB de instalación de la distribución de Linux que vamos a instalar en el ordenador, y rearrancarle.

Nos aparecerá un menú en el que se nos ofrecen diferentes posibilidades para arrancar la instalación, y elegiremos la que consideremos oportuna, si bien la mayoría de las veces realizaremos una instalación estándar en modo gráfico.

Tras cargarse el menú de instalación, se nos pedirá que elijamos qué idioma queremos utilizar en la instalación, después de una pantalla de bienvenida. Elegiremos Spanish (o cualquier otro si lo entendemos mejor que el español). A continuación, bien en una única pantalla o en varias, se nos irán preguntando las opciones de instalación.

Nos preguntará qué tipo de teclado tenemos, y le especificaremos el que tengamos.

A continuación normalmente se nos ofrecen diferentes posibilidades *pre programadas* para que el programa de instalación realice la instalación de software sin prácticamente interacción por nuestra parte, instalando lo que cree más conveniente en cada caso en concreto que se nos ofrece, si bien siempre suele aparecer una opción en la que podemos instalar el sistema operativo eligiendo exactamente lo que queremos.

Este último caso suele ser el más lógico, pues así realizaremos el particionado del disco a nuestro gusto, y elegiremos exactamente los programas que queramos instalar.

Cuando se nos ofrece la posibilidad de particionar el disco duro, elegiremos hacerlo de forma manual, ya que podremos tener control total sobre qué y dónde se escribe en nuestro disco duro, aunque también podemos elegir el particionado automático si así queremos. Dividiremos entonces nuestro disco en porciones, particiones, independientes entre sí, de tal forma que así instalaremos los archivos del sistema en una de estas particiones, los archivos temporales en otra, los archivos personales en otra y reservaremos una partición para área de intercambio swap (utilizada para *emular* memoria RAM cuando el sistema ha agotado la RAM disponible), si bien podremos realizar más o menos particiones, siempre según entendamos es lo mejor en nuestro sistema.

A continuación iremos pasando por diferentes menús en los que se nos preguntará por la configuración de red de nuestro sistema, el sistema horario que queremos, la contraseña de root, la instalación de cortafuegos, etc. que iremos pasando conforme vayamos rellenando las pantallas según la configuración de nuestro sistema.

Como ya hemos comentado anteriormente, hay multitud de distribuciones que podemos instalar en nuestro equipo.

Si bien todos los programas de instalación mantienen un esquema equivalente al que hemos indicado, al menos en la forma de presentar las distintas posibilidades que se ofrecen, pueden variar de una distribución a otra.

En este sentido es interesante consultar las páginas web de las distribuciones, con el fin de acceder a la documentación que se nos ofrece sobre la instalación de cada una en concreto, o bien acceder a páginas[34] que nos ofrecen manuales sobre las instalaciones de estas distribuciones, con explicaciones guiadas y fáciles de seguir.

Capítulo 7

Gnome y KDE.

Gnome[35] y KDE[36] son dos escritorios que podemos utilizar con la mayoría de las distribuciones actuales de Linux. Ambos nos hacen la tarea diaria más sencilla pues reúnen la mayoría de aplicaciones disponibles en el sistema operativo tras iconos fácilmente accesibles *a golpe de ratón* y con menús sencillos de seguir.

Cuando iniciamos la sesión utilizando un gestor de ventanas como Gnome o KDE lo primero que nos encontramos es una barra de tareas desde la cual podremos acceder a una gran variedad de programas y aplicaciones. La principal diferencia que nos podemos encontrar entre Gnome o KDE, a primera vista, es que los menús desde los que podemos lanzar las diferentes aplicaciones se encuentran en sitios diferentes.

Para hacernos a la idea de lo interesantes que son estos escritorios, podemos ir accediendo a los diferentes menús que se nos van ofreciendo, pudiendo darnos cuenta así de la riqueza de contenidos, de programas, a los que podemos acceder desde KDE o Gnome.

En este sentido podemos comprobar lo sencillo que es utilizar una distribución Linux desde cualquiera de estos entornos, pudiendo acceder a cientos de aplicaciones, desde navegadores hasta juegos, pasando por herramientas de desarrollo de software y aplicaciones para mantenimiento de servidores web (7.1)

Una de las posibilidades que nos ofrecen estos escritorios es la existencia de los llamados *escritorios virtuales*.

Si abrimos cualquier programa se arrancará en el escritorio virtual actual. En cualquier momento podremos acceder a cualquiera

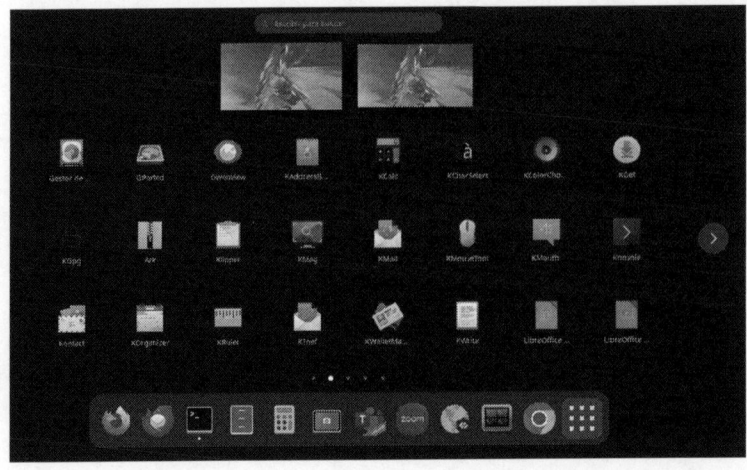

Figura 7.1: Acceso a diferentes aplicaciones desde Gnome.

de los otros escritorios virtuales, observando en ese momento que las aplicaciones que hemos abierto *desaparecen*. Estas no se han minimizado, sino que pertenecen a un escritorio virtual diferente al que nos hallamos en este momento, en el que podemos abrir cualquier otra aplicación, de tal forma que podremos tener por ejemplo nuestro gestor de correo electrónico en el escritorio virtual número 1, en el número 2 el navegador, y los números 3 y 4 dedicarlos, por ejemplo, para tareas de gestión.

Con esto lo que conseguimos es un menor caos cuando necesitamos abrir muchas aplicaciones, ya que podremos organizarlas mucho mejor. Es, salvando las distancias, como si tuviéramos varios monitores en los que ejecutáramos aplicaciones diferentes.

La configuración personal de cualquiera de los dos escritorios es sencilla, además de intuitiva. Por ejemplo podemos cambiar la fotografía que queremos de fondo sin más que pulsar el botón derecho del ratón sobre la fotografía existente, y seguir los pasos que nos indican en el menú que se nos abrirá. El menú que se nos abrirá al realizar esta operación en KDE o en Gnome es diferente, pues son aplicaciones propias de cada uno de los escritorios, si bien son equivalentes e intuitivas.

Otro punto importante, y que podemos realizar de forma análoga en cualquiera de estos escritorios, es el de incluir un nuevo icono en el panel. Habitualmente solemos trabajar mucho con ciertas aplicaciones, de vez en cuando con otras e incluso nunca o muy escasamente con el resto. A la hora de trabajar es interesante que las aplicaciones que más utilizamos sean fácilmente accesibles, de ahí que tener un icono de fácil accesibilidad, nos ahorrará el tener que ir abriendo menús hasta alcanzar el programa en cuestión.

Para añadir una aplicación a un panel (equivalente sería para añadirla en el propio escritorio), independientemente de que estemos utilizando KDE o Gnome debemos pulsar el botón derecho del ratón sobre un área sin iconos en el panel donde queramos incluir el icono.

Una vez elijamos la opción correspondiente para añadir el icono en el panel, simplemente tendremos que buscarla entre todas las que se nos ofrecen y pulsaremos sobre el botón *Añadir*, y tendremos este acceso directo en nuestro panel, de tal forma que cada vez que queramos acceder a esta aplicación simplemente tendremos que pinchar en este nuevo icono, en vez de tener que acceder a través de los diferentes menús.

Podemos encontrar muchas posibilidades de configuración tanto para KDE como para Gnome. Funcionalmente los dos escritorios, como hemos mantenido hasta ahora, son equivalentes, y deberemos elegir entre uno u otro dependiendo de nuestro propio gusto personal.

Algo que nos permiten hacer ambos escritorios, aunque depende de qué tarjeta gráfica poseamos, son los efectos, es decir, diferentes comportamientos que se nos ofrece para hacer más sencillo e incluso divertido nuestro trabajo en el entorno gráfico de GNU/Linux.

Por ejemplo podemos hacer que las diferentes aplicaciones que tengamos abiertas se nos ofrezcan como caras de un cubo tridimensional, pudiendo ir cambiando de cara con la combinación de letras configurada (habitualmente Control y Tabulador), de tal forma que así podamos ver fácilmente qué aplicaciones tenemos abiertas y seleccionemos finalmente la que queramos utilizar en ese momento.

Otra utilidad, si bien hay muchas, la encontramos al llevar el puntero del ratón a la esquina superior izquierda (depende de la configuración que realicemos al respecto), ya que nos minimiza todas las aplicaciones que tengamos abiertas, mostrándonos todas estas miniaturas en pantalla, pudiendo así elegir con el ratón la que queramos utilizar en este momento. (Figura 7.2).

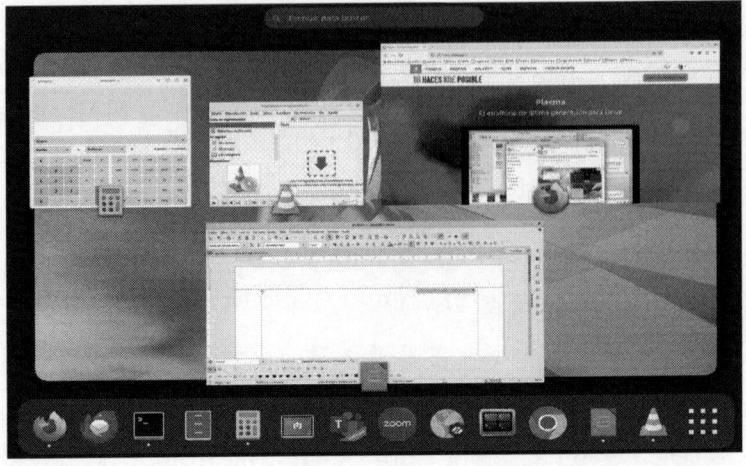

Figura 7.2: Los efectos 3D que podemos obtener son impactantes además de útiles en nuestro trabajo diario.

Capítulo 8

Comandos.

8.1. Introducción.

Linux, a diferencia de otros sistemas operativos, adquiere su capacidad de rendimiento pleno cuando se dominan los comandos. Estos comandos se ejecutan en lo que se llama *shell*, que es un programa que interpreta esas instrucciones. En general, cuando tenemos una shell abierta podemos diferenciar dos tipos de ejecuciones:

1. Un fichero binario externo totalmente al sistema.

2. Lo que genéricamente se llama un comando Linux.

   Aunque vamos a llamar *comando*[37] [38] a todas las instrucciones que consideramos de Linux, en general vamos a distinguir entre tres tipos:

   a) Aliases.- Se trata de instrucciones modificadas para que al ejecutarse lo haga con las opciones que creamos pertinentes por defecto, sin tener que especificarlas.

   b) Builtin-shells.- Se trata de instrucciones que se encuentran en memoria en la shell, y que por lo tanto no están apoyadas en ningún fichero binario del sistema, (por ejemplo, cd).

   c) Comandos Linux en sí.- Se trata de instrucciones normalmente generadas en código C y compiladas, de las que disponemos del binario, que es un fichero más en nuestro árbol de directorios.

Cuando ejecutamos una instrucción normalmente es transparente que se trate de un alias, un builtin-shell o un comando Linux. Es en casos críticos donde se puede ver la diferencia: por ejemplo, si borro el archivo /bin/ls nunca podré ejecutar el comando ls, mientras que el builtin shell cd seguirá funcionando aunque borre por error todo el sistema de archivos.

8.2.   Comando man.

Se usa tecleando *man comando* y nos da información sobre *comando*. Ejemplo:

```
man ls
```

La opción -k es muy útil porque nos cita los comandos relacionados con la palabra clave que le pedimos. Este es quizá el comando más vital y de más soporte en Linux. Hay cientos de comandos en cualquier distribución de Linux, cada uno de ellos con decenas de opciones combinables. Es prácticamente imposible saber todos los comandos de Linux. Para avanzar en la información que nos da este comando, que normalmente es más de una pantalla, pulsaremos la barra espaciadora, o la tecla enter, o también podemos utilizar las teclas de avance y retroceso de los cursores. Para salir tecleamos *q*. En el comando man, los corchetes indican un argumento opcional, eso quiere decir que si nos encontramos con

```
[a]
```

quiere decir a o nada.

```
a[b]
```

quiere decir a o ab.

```
[a[b]]
```

quiere decir a, ab, o nada.

```
[a][b]
```

quiere decir a,b,ab o nada.

8.3. Comandos de manipulación de ficheros.

8.3.1. cat

Se usa para diversos propósitos:

Lista el contenido de un fichero sin editarlo:

```
cat file1
```

También podemos concatenar usando el carácter >

```
cat file1 file2 > file3
```

de tal forma que se añade el contenido de *file1* y *file2* en *file3*. Si este último existiera, se sobreescribe su contenido.

Se puede utilizar ≫

```
cat file1 file2 >> file3
```

y así se añade el contenido de *file1* y *file2* al final de *file3* sin sobreesribir su contenido.

Podemos utilizarlo para incluir texto en un fichero nuevo, o para añadir al final de uno ya existente. Por ejemplo:

```
cat > ficheronuevo
```

A partir de ahí todo lo que tecleemos formará parte del fichero denominado *ficheronuevo*. Para terminar, debemos teclear el carácter de fin de fichero, CTRL-D. Hay que tener cuidado, porque si ya existía el fichero *ficheronuevo* lo eliminará.

```
cat >> ficheroyaexistente
```

Con esto haremos lo mismo, pero simplemente añadiendo texto a un fichero ya existente.

8.3.2. touch

Si el fichero existe: actualiza sus fechas de acceso y de modificación. Si el fichero no existe: lo crea sin contenido (vacío).

```
touch nombrefichero
```

Este comando, que un principio parece de utilidad dudosa, puede ser utilizado por ejemplo si nuestro sistema borra todos los ficheros que fueron creados hace más de un mes, pues lo que podemos hacer antes de que se cumpla el plazo es ejecutarlo sobre el fichero que no deseamos que sea borrado y cambiará su fecha, de tal forma que así se consirará *nuevo* y no será borrado.

También desde un gestor de archivos, en el entorno gráfico que nos ofrece cualquier escritorio que utilicemos, podemos crear archivos nuevos. Para ello tendremos que situarnos en el directorio donde queramos crear el archivo y pulsar el botón derecho del ratón sobre una zona donde no haya ningún fichero, para que se nos abra el menú que podemos observar en la figura 8.1, donde elegiremos *crear nuevo* para crear el fichero, directorio, etc. en cuestión.

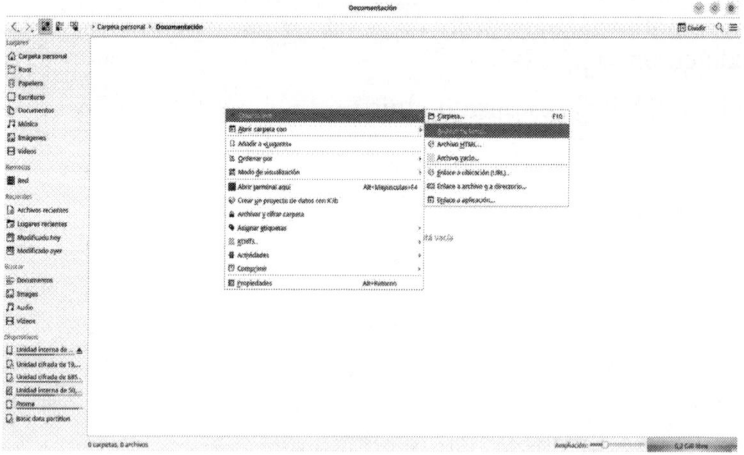

Figura 8.1: Mediante el botón derecho del ratón, al utilizar un gestor de archivos, abriremos un menú donde se nos permitirá crear archivos, directorios, etc. nuevos.

8.3.3. chmod

Maneja los permisos, según se explica en el capítulo 9.

```
chmod 741 test
```

establece permisos para *test* de lectura, modificación y ejecución para el o la propietaria (7), de lectura para el grupo del o de la propietaria (4) y de ejecución para el resto de usuarias o usuarios del sistema (1).

```
chmod g+w testfile
```

da permiso de modificación al grupo del o de la propietaria de *testfile*.

```
chmod o=g testfile
```

establece los permisos para los usuarios o usuarias que no tienen la propiedad de *testfile* ni pertenecen al grupo de la o del propietario.

Recordemos la equivalencia: r=4 w=2 x=1, y que con **u** queremos especificar el o la usuaria, con **g** el grupo, y con **o** el resto de las y los usuarios. Con **a** especificamos todos y todas las usuarias.

Desde el entorno gráfico, utilizando un gestor de archivos, también podemos cambiar los permisos de un fichero al pulsar sobre *Mi equipo* existente en el escritorio, o dentro del menú *Máquina* del entorno KDE o desde *Lugares* de Gnome. Cualquier distribución nos ofrecerá múltiples posibilidades en este sentido, pudiendo elegir una u otra dependiendo de nuestros gustos personales.

8.3.4. chgrp

Cambia de grupo el fichero. Quien realiza el cambio también debe pertenecer al grupo *final*.

Si el fichero *file1*, pertenece a alberto, grupo qui, al ejecutar:

```
chgrp system file1
```

éste pertenecerá a alberto, pero al grupo al que se le aplica la segunda terna de permisos será al grupo system.

8.3.5.   chown

Cambia la propiedad del fichero.

```
chown luna file1
```

Sólo lo puede ejecutar root. El fichero *file1* pasa a ser propiedad de *luna*.

8.3.6.   rm

Elimina un fichero. Es aconsejable usar rm -i para que pida confirmación. En muchas distribuciones de Linux la opción -i se configura por defecto.

```
rm -i fichero
```

pregunta antes de borrar el fichero.

```
rm -f fichero
```

no pregunta antes de eliminar el fichero. Directamente *fuerza* su eliminación.

```
rm -r directorio
```

elimina de forma recursiva, es decir, lo podemos utilizar para eliminar un directorio, ya que recursivamente borrará su contenido y finalmente el propio directorio.

```
rm -rf directorio
```

esta es la opción más agresiva del comando rm, ya que borra de forma recursiva sin preguntar absolutamente nada. Una vez hayamos ejecutado este comando, se eliminará irremediablemente el directorio *directorio* y todo su contenido sin que el sistema nos pregunte absolutamente nada.

Hay que tener precaución, puesto que a diferencia de otros sistemas operativos, este comando no almacena en ninguna papelera lo que hemos borrado para después poder recuperarlo. Este comando borra de manera bastante definitiva y para recuperar algo borrado accidentalmente habría que recurrir a técnicas avanzadas.

Mediante el entorno gráfico el eliminar un fichero o un directorio es muy intuitivo. No tendremos la potencia que nos da la línea de comandos, por supuesto, ya que a la hora de eliminar archivos o directorios la forma de elegir qué es exactamente lo que quiero eliminar de todo lo que tengo es más fácil de controlar por línea de comandos que con entorno gráfico, ya que esta última forma me obliga a estar seleccionando los archivos con el ratón, y en algunas ocasiones de uno en uno.

No obstante para la mayoría de las operaciones de eliminación de archivos, donde no encontramos mayores complicaciones, basta con, en nuestro gestor de archivos favorito, seleccionar el archivo que queramos eliminar mediante el botón izquierdo del ratón y arrastrarlo a la papelera, o bien, como podemos ver en la figura 8.2, pulsamos el botón de la derecha del ratón sobre este fichero o directorio, y elegimos la opción de eliminar o mandar a la papelera.

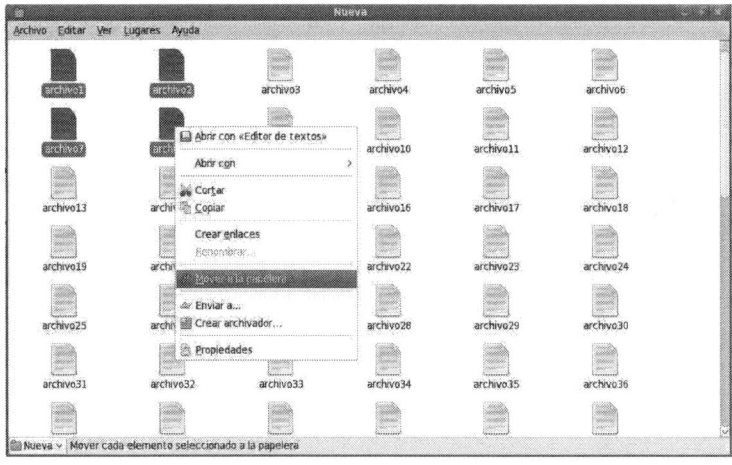

Figura 8.2: Eliminar un archivo o directorio es una tarea simple mediante un gestor de archivos.

8.3.7.   mv

Realiza una copia de un fichero a otro, de la siguiente forma:

```
mv principio final
```

principio	final	resultado
fichero	nombre cualquiera	renombra el fichero al nombre
fichero	fichero que existe	renombra el fichero borrando el existente
directorio	nombre cualquiera	renombra el directorio al nombre
directorio	directorio existente	mueve el directorio al directorio existente
fichero	directorio existente	mueve el fichero al directorio
directorio	fichero existente	Error. Nada.

Cuadro 8.1: Acciones posibles del comando mv.

La forma de mover un archivo, o directorio, de una localización a otra es muy sencilla a través del entorno gráfico, independientemente del escritorio con el que trabajemos. Una vez tengamos abierto nuestro gestor de archivos favorito, lo único que tenemos que hacer es seleccionar el archivo o directorio con el botón izquierdo del ratón y arrastrarlo hacia la ubicación que queramos, o bien, como podemos ver en la figura 8.3, podemos seleccionar los archivos o directorios que queramos mover y, mediante el menú que obtenemos al pulsar el botón derecho del ratón, elegir la opción *cortar*. En este momento ya no queda nada más que acceder al directorio destino, y pulsar el botón derecho del ratón eligiendo en este caso *pegar*.

8.3.8.   cp

Copia un fichero en otro.

```
cp file1 file2
```

hace una copia del fichero *file1* llamándose la copia *file2*.

```
cp file1 directorio2
```

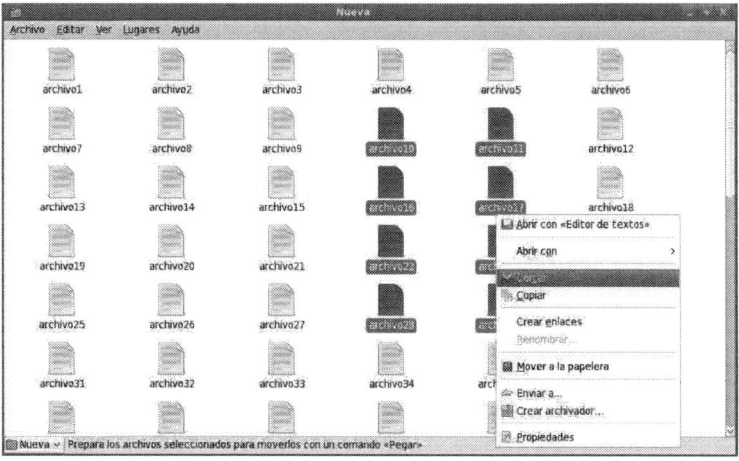

Figura 8.3: Mediante el entorno gráfico es fácil mover un archivo o directorio mediante el botón secundario del ratón.

hace una copia con el mismo nombre y la mete en directorio2.

```
cp -r
```

copia recursivamente. Por ejemplo para copiar un directorio.

La copia de archivos también la podemos realizar desde una aplicación gráfica, eligiendo para ello cualquier gestor de archivos que se nos ofrezca en la distribución de GNU/Linux que estemos utilizando.

La mayoría de los gestores de archivos son equivalentes en la gestión de los archivos, utilizando atajos de teclado equivalentes o funcionalidades a través del ratón iguales en todos los casos.

Para copiar archivos o directorios utilizando un gestor de ficheros lo que podemos hacer es seleccionar éstos y, pulsando el botón derecho del ratón, elegir la opción *copiar* como podemos ver en la figura 8.4. En este momento ya lo único que tenemos que hacer es acceder al directorio destino y pulsar el botón derecho del ratón, seleccionando en este caso *pegar*.

8.3.9. ln

Crea pseudonombres (links) para los ficheros.

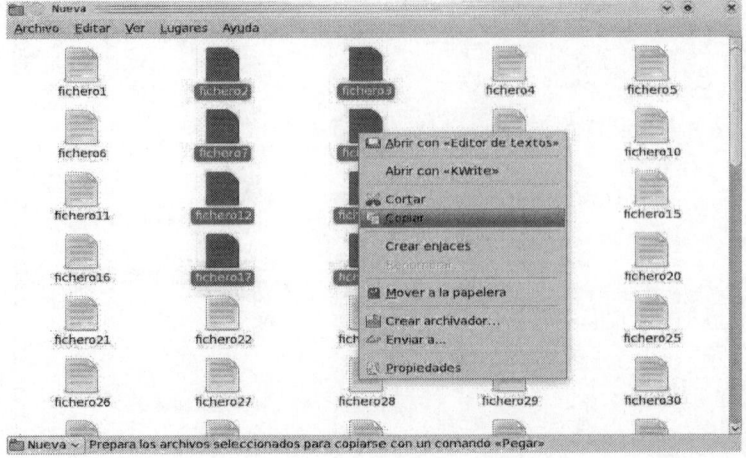

Figura 8.4: Mediante el botón secundario del ratón es fácil copiar archivos utilizando un gestor de ficheros.

```
ln test1 test2
```

Este comando crea un hard link llamado test2 que apunta a test1. Si borramos test1 por ejemplo, test2 sigue existiendo en el sistema de ficheros, y viceversa.

```
ln -s test1 test2
```

Creamos un soft link, de tal forma que si borramos test2 no ocurre nada salvo que perdemos el enlace simbólico, pero si borramos test1 se queda test2 huérfano, es decir, no apunta a nada.

No se pueden hacer hard links cambiando de filesystem, aunque sí soft links.

8.3.10. mkdir

Crea directorios.

```
mkdir medicina
```

Crearía el directorio medicina colgando del directorio en el que estemos, siempre que no exista ningún fichero o directorio con nombre medicina. También se puede especificar un path completo:

```
mkdir /home/pablo/medicina
```

Que lo crearía independientemente del directorio por defecto en el que nos hubiéramos situado. En el caso en el que los directorios previos no existieran, se puede utilizar la opción *-p* para que los cree.

Si queremos utilizar un gestor de ficheros gráfico para realizar este trabajo, simplemente tendremos que acceder mediante este programa al directorio donde queramos crear el subdirectorio, y pulsando con el botón derecho en un área donde no haya ningún icono (ningún archivo o directorio), elegiremos *crear una carpeta* como podemos ver en la figura 8.5, tras lo cual lo único que tendremos que hacer es escribir el nombre de la misma.

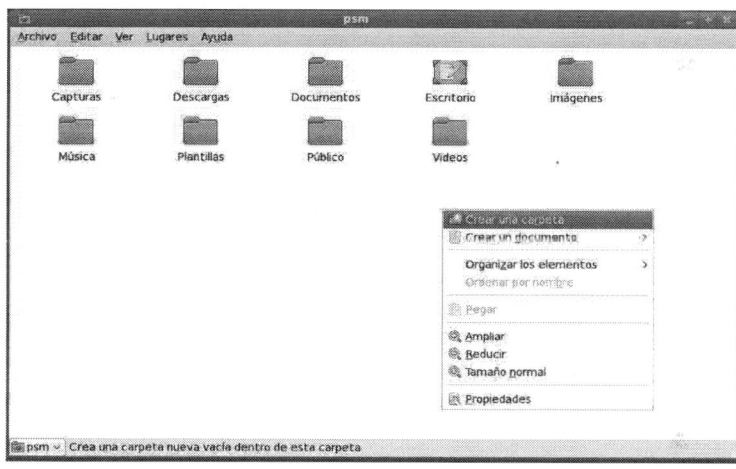

Figura 8.5: Creamos un directorio utilizando un gestor de archivos en el entorno gráfico pulsando el botón derecho del ratón sobre un área donde no existan ficheros y eligiendo la opción correspondiente del menú desplegado.

8.3.11.   rmdir

Destruye directorios. Han de estar vacíos, es decir, no deben contener ni archivos ni subdirectorios.

```
rmdir medicina
```

8.3.12.   ls

Lista características de un fichero. Sin opciones, lista los contenidos del directorio donde estamos.

`ls -a`

lista ficheros ocultos.

`ls -i`

lista el *inode number*.

`ls -l`

muestra los permisos, número de links, propiedad, grupo, tamaño y fecha modificación. También indica si tiene referencias SELinux.

`ls -p`

marca los directorios con el carácter /

`ls -r`

lista en orden inverso.

`ls -t`

lista en orden de fecha de modificación.

`ls -F`

añade el carácter / a los directorios y el carácter * a los ejecutables.

Si le ofrecemos como argumento el nombre de un directorio, nos listará el contenido de ese directorio.

El listar el contenido de un directorio, o cambiarnos de un directorio a otro, lo podemos realizar de forma sencilla con cualquier gestor de archivos gráfico. En GNU/Linux disponemos de una gran variedad de programas de estas características, de ahí que se haga prácticamente imposible enumerarlos todos, pero su funcionamiento es prácticamente equivalente en todos los casos, ya que nos muestran mediante iconos los archivos y directorios que contiene un directorio en concreto (equivalente al comando ls), y podemos acceder a los diferentes subdirectorios pinchando sobre su icono mediante el ratón.

8.3.13. file

Intenta averiguar el tipo de fichero que tengo (binario, shell script, fichero de device...).

```
file letter
```

8.3.14. more

Muestra el contenido de un fichero parando cada vez que se llena una pantalla.

```
more ficherotexto
```

8.3.15. less

De igual forma a more, muestra el contenido de un fichero parando cada vez que se llena una pantalla. La diferencia es que con less podemos movernos fácilmente hacia atrás si es necesario, así como realizar búsquedas pulsando / seguido del patrón que queremos buscar.

```
less ficherotexto
```

8.3.16. head

Muestra las primeras líneas de un fichero

```
head -30 ejemplo
```

mostraría así las treinta primeras líneas de *ejemplo*.

8.3.17. tail

Muestra las últimas líneas de un fichero.

```
tail -100 ejemplo
```

muestra las cien últimas líneas de *ejemplo*.

```
tail -f ejemplo
```

va mostrando las nuevas líneas del fichero a medida que este crece.

8.3.18. wc

Cuenta el número de bytes, palabras y líneas:

```
wc file1
```

```
wc -l
```

sólo cuenta las líneas.

```
wc -w
```

sólo cuenta las palabras.

```
wc -c
```

sólo cuenta los bytes.

8.3.19. grep, egrep, fgrep

Busca en uno o más ficheros un patrón o expresión.

```
grep hola *
```

busca *hola* en todos los ficheros del directorio actual.

```
grep -i hola *
```

igual que en el caso anterior, pero no discrimina mayúsculas y minúsculas.

```
grep -c hola *
```

busca *hola* en todos los ficheros del directorio actual, pero dice en cuántas líneas aparece.

```
grep -v hola
```

lista los ficheros donde NO aparece *hola*.

La diferencia de grep, egrep y fgrep, viene según la versión del operativo, aunque se tiende a unificar esos tres comandos de búsqueda en un único comando grep.

8.3.20. find

Busca ficheros y directorios y ejecuta acciones con ellos. Es una herramienta extremadamente potente.

```
find pathname condicion tarea
```

el pathname es el path del que arranca a buscar. Sólo buscará en los directorios en los que tengamos permiso.

Las condiciones se pueden agrupar usando

```
\(  \)
```

Estos caracteres son, en realidad, paréntesis precedidos del carácter especial \que nos hace no interpretar el paréntesis como la apertura de una shell Linux.

Las condiciones se pueden negar usando !

Las condiciones se pueden dar como alternativas usando -o

Algunas de las condiciones son:

```
-atime +n
```

ficheros accedidos hace más de n días.

```
-atime -n
```

ficheros accedidos hace menos de n días.

```
-atime n
```

ficheros accedidos exactamente hace n días.

```
-ctime +n
```

ficheros cambiados hace más de n días (entendiendo por cambiados que sean modificados en su contenido, permiso o cambio de propiedad).

```
-ctime -n
```

ficheros cambiados hace menos de n días.

`-ctime n`

ficheros cambiados exactamente hace n días.

`-mtime +n`

ficheros modificados (en su contenido) hace más de n días.

`-mtime -n`

ficheros modificados hace menos de n días.

`-mtime n`

ficheros modificados exactamente hace n días.

`-group name`

ficheros que pertenezcan al grupo name.

`-mount`

ficheros que residen en el mismo sistema de archivos que el directorio de búsqueda.

`-newer file`

modificados más recientemente que el fichero *file*.

`-name pattern`

ficheros cuyo nombre sea *pattern*.

`-type tipo`

ficheros de un tipo *tipo*, por ejemplo: b=block, c=carácter, d=directorio, f=fichero, l=link, p=named pipe, s=socket.

`-user username`

ficheros que pertenecen a *username.*

Acciones que se pueden tomar con los ficheros encontrados:

```
-print
```

imprime por pantalla lo encontrado.

```
-exec
```

ejecuta un comando, script, etc. en todos los ficheros que encuentra. Hay que usar { } donde vaya a ir el nombre del fichero en el comando, y hay que terminar con \; ya que ; es el carácter de juntar instrucciones en Linux, y \ es para decirle que debe interpretar ; y tratarlo como un carácter especial.
Ejemplos:

```
find /work -name file1 -print
```

Lista todo lo que se llame file1 que esté bajo el directorio work, en cualquier subdirectorio donde quien lo ejecuta tenga permisos de acceso.

```
find /work /usr -name "memo*" -user ann -print
```

Lista todo lo que empiece por memo* en los directorios /work y /usr y que pertenezcan a ann.

```
find / -type d -name "man*" -print
```

Lista los directorios, comenzando por el directorio /, que empiecen por man.

```
find . ! -name "[A-Z]*" -exec lpr {} \;
```

Busca desde el directorio actual todos los nombres que no empiecen por mayúscula y los manda a la impresora con el comando lpr, dado que las llaves se irán sustituyendo por los elementos encontrados.

8.3.21.   cd

Cambia de directorio por defecto. Hay que recordar que .. es el directorio anterior y . es el actual.

Podemos especificar todo el path completo:

```
cd /home/felipe/tesis/calculos
```

O podemos especificar el cambio respecto al directorio en el que estamos. Por ejemplo, siguiendo con el ejemplo anterior, si estamos en el directorio /home/felipe/tesis para llegar al mismo directorio podríamos teclear

```
cd calculos
```

8.3.22.   pwd

Dice el directorio en el que estamos. En ocasiones es útil utilizar la variable de entorno bash llamada PS1 para personalizar nuestro prompt:

```
PS1="\w >"
```

Con esto, el prompt pasará a ser el directorio en el que estamos, seguido de un carácter ⟩ que sólo tiene función estética.

8.3.23.   diff, sdiff.

Compara diferencias entre dos ficheros

```
diff file1 file2
```

Este comando es sumamente importante, ya que muchas veces tenemos varios versiones del mismo archivo en diferentes directorios y soportes. Para saber qué diferencias existen entre las diferentes versiones, diff es la herramienta perfecta.

En este sentido debemos saber que hay aplicaciones gráficas que realizan el mismo cometido, es decir, comprobar qué diferencias tienen los archivos que queramos comparar. Por ejemplo una herramienta gráfica muy utilizada en este sentido es *kdiff3*[39], en

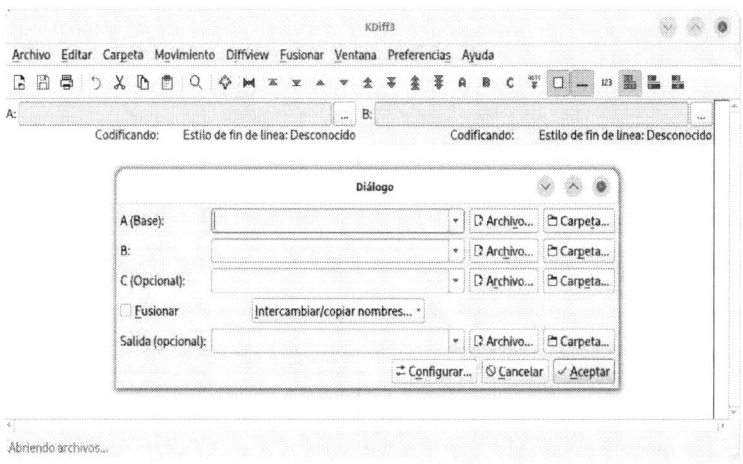

Figura 8.6: Podemos elegir hasta tres archivos para que kdiff3 nos muestre las diferencias existentes entre ellos.

la que fácilmente podremos elegir hasta tres archivos que queramos diferenciar, como podemos ver en la figura 8.6.

Una vez pulsemos en *Aceptar*, tras haber añadido la ruta de los archivos, obtendremos sus diferencias de forma gráfica como observamos en la figura 8.7.

8.4. Comandos de localización.

8.4.1. which

Se utiliza para saber si un comando o ejecutable reside en el path. Si existe en el path (que se puede ver con *echo $PATH*) nos muestra el ejecutable que realmente se ejecutará.

8.4.2. type

Nos dice la posición exacta del fichero que queremos localizar, siempre y cuando esté en alguno de los directorios que tenemos en nuestro path y sea ejecutable. También nos localiza los alias y nos dice si el comando es un fichero binario o un builtin-shell.

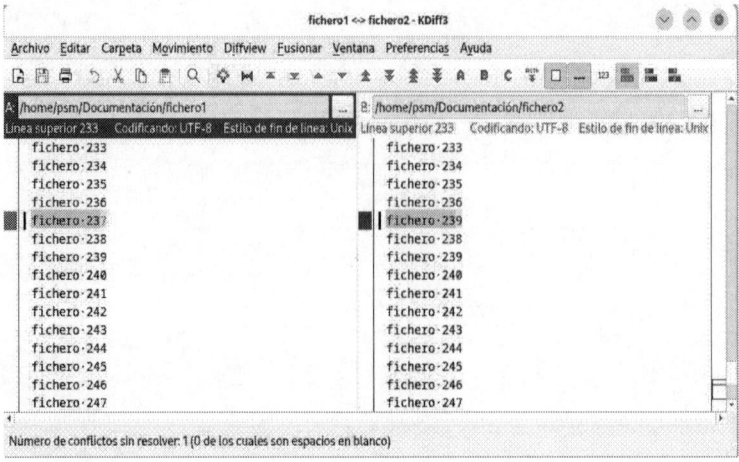

Figura 8.7: Las diferencias entre los archivos son mostradas de forma intuitiva mediante kdiff3.

8.5.   Comandos de control de procesos.

8.5.1.   kill

A pesar de ser conocido como el comando que mata procesos, en realidad lo que hace es enviar señales a los procesos[40]. Si tecleamos

```
kill -l
```

podemos ver todas las señales que podemos mandar a un proceso con el comando kill. Entre ellas, la más popular es la señal de muerte del proceso (kill -9). Pero también podemos utilizar la señal 19 para detener el proceso, la señal 18 para reanudarlo si estaba detenido, o la señal de interrupción 2 que se alcanza en las shells con CTRL-C. Por ejemplo, si queremos matar el proceso con PID número 8473 teclearemos:

```
kill -9 8473
```

Sólo se pueden enviar señales a nuestros procesos, excepto root que puede enviar señales a cualquier proceso.

8.5.2. nice

Concede un factor nice determinado a un proceso[40].

```
nice 8
```

a mayor factor nice menor prioridad tiene el proceso. El argumento va de -20 a +20.

8.5.3. ps

Muestra los procesos que se están ejecutando justo en el momento de teclear este comando, algo así como una *fotografía* instantánea de los procesos. El resultado es bastante extenso, según las opciones[40]. Una opción bastante utilizada es

```
ps -fu lab286
```

Que nos da como resultado una lista completa de los procesos pertenecientes a *lab286*. Otras opciones útiles son:

```
ps -ef
```

Que nos muestra todos los procesos existentes en el sistema. O también:

```
ps -aux
```

Que nos ofrece información sobre todos los procesos de la máquina, incluyendo porcentajes de utilización y de memoria que pueden ser útiles para determinar si un proceso está consumiendo indebidamente recursos.

8.5.4. top

Nos da información sobre los procesos, ordenada por orden de consumo de recursos en el procesador y en la memoria[40]. Nos informa de los procesos más demandantes. Cuando tecleamos este comando, obtenemos una pantalla que se va refrescando cada 3 segundos (por defecto; este valor se puede cambiar) y mostrándonos una *fotografía* de los procesos que se están ejecutando en el sistema. Aunque esta *fotografía* está más ordenada que en el caso del comando ps, merece la pena destacar que no incluye todos los procesos, sino solamente los más demandantes.

Si tecleamos s seguido de un número entero n, la información que nos da top se actualizará cada n segundos.

Si tecleamos u seguido del nombre de una o un usuario, nos mostrará sólo sus procesos.

También es posible modificar el factor nice de la prioridad de los procesos pulsando la tecla r y siguiendo las instrucciones.

Para salir de la utilidad top debemos teclear q.

Desde el entorno gráfico también podremos monitorizar fácilmente los procesos de nuestro sistema, con diferentes utilidades que se nos ofrecen, como por ejemplo el *Monitor del sistema* de Gnome (gnome-system-monitor), donde podremos obtener información de los recursos del sistema (8.8), así como de los procesos existentes (8.9).

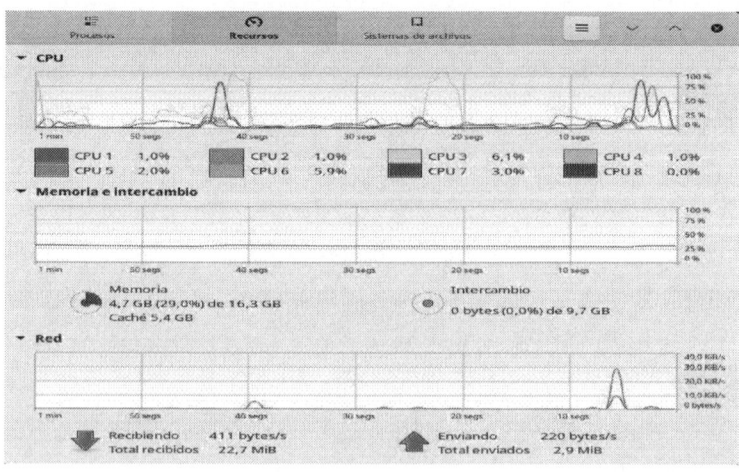

Figura 8.8: Recursos del sistema ofrecidos por la herramienta gnome-system-monitor.

Nombre del proceso	Usuario	% CPU ▼	ID	Memoria	Lectura total	Escritura total	Lectura de dis	Escritura en di	Prioridad
gnome-shell	psm	1,97	2919	132,6 MB	13,8 MB	536,6 kB	N/D	N/D	Normal
gnome-system-monitor	psm	1,01	65648	26,3 MB	8,4 MB	N/D	N/D	N/D	Normal
gwenview	psm	0,21	69727	47,1 MB	774,1 kB	303,1 kB	N/D	N/D	Normal
okular	psm	0,17	70772	74,3 MB	N/D	24,6 kB	N/D	N/D	Normal
Isolated Web Co	psm	0,08	32655	46,4 MB	N/D	N/D	N/D	N/D	Normal
firefox	psm	0,04	11647	228,6 MB	309,8 MB	89,2 MB	N/D	N/D	Normal
Isolated Web Co	psm	0,00	12608	103,8 MB	N/D	N/D	N/D	N/D	Normal
mysqld	psm	0,00	4321	54,8 MB	16,5 MB	4,1 MB	N/D	N/D	Normal
Isolated Web Co	psm	0,00	13541	46,2 MB	1,5 MB	N/D	N/D	N/D	Normal
kactivitymanagerd	psm	0,00	36107	6,8 MB	10,0 MB	9,4 MB	N/D	N/D	Normal
tracker-miner-fs-3	psm	0,00	35565	9,8 MB	7,4 MB	921,6 kB	N/D	N/D	Muy baja
(sd-pam)	psm	0,00	2665	5,6 MB	N/D	N/D	N/D	N/D	Normal
gnome-keyring-daemon	psm	0,00	2701	1,0 MB	651,3 kB	36,9 kB	N/D	N/D	Normal
gdm-wayland-session	psm	0,00	2736	393,2 MB	143,4 kB	N/D	N/D	N/D	Normal
dbus-broker-launch	psm	0,00	2740	393,2 MB	282,6 kB	N/D	N/D	N/D	Normal
gnome-session-binary	psm	0,00	2749	1,6 MB	1,2 MB	N/D	N/D	N/D	Normal

Figura 8.9: Procesos del sistema ofrecidos por la herramienta gnome-system-monitor.

8.5.5.   nohup

Hace que un proceso que se manda a background no se muera cuando muere la sesión o la shell que lo originó.

8.5.6.   sleep

```
sleep 30
```

Deja la shell parada durante los segundos que le indiquemos.

8.6.   Comandos para la ejecución en lote.

8.6.1.   batch

Ejecuta una serie de comandos uno tras otro, esperando a que se completen.

```
batch
job1
job2
job3
<CTRL-D>
```

Ejecutaría job1, al terminar job2 y al terminar job3.

8.6.2. crontab

Tanto para tareas de administración como para tareas de usuario
o usuaria no privilegiada, muchas veces es conveniente que nuestro
programa se ejecute en un momento concreto y entonces tenemos
dos opciones, o bien estar justo en ese momento exacto ejecutando el
comando, o bien podemos programar la ejecución en el *crontab*[41]
para que el demonio cron la ejecute.

El demonio cron se encarga de ir mirando todas y cada una de
las tablas de los usuarios y usuarias a quienes se permite la ejecución
diferida con cron, y cuando encuentra una tarea programada para
ese momento la ejecuta asumiendo la personalidad del login que la
ha programado.

¿Para qué nos puede venir bien? Podemos por ejemplo escribir
un script que compruebe la carga del sistema, y que mire cada
quince minutos los comandos en ejecución y vuelque el resultado
en un fichero, de tal forma que al final del día, o del mes, o del
año, genere una gráfica en la que se vea la evolución de la carga de
nuestro sistema. También se pueden programar los crontabs para
mandar correo electrónico en un cierto momento, por ejemplo cuando una cuenta del sistema caduca, pues es una manera de no estar
todos los días pendientes de si caduca o no una cuenta, sino que
cuando se crea la cuenta se programa la caducidad y el demonio
cron se encargará de todo.

Ejemplos por tanto hay miles, y este demonio cron ayuda en
gran medida a la persona que administra el equipo, que cuenta con
un tiempo limitado y por lo tanto no puede estar las 24 horas del
día pendiente del sistema.

Para que un usuario o usuaria pueda hacer uso del cron tiene
que estar incluido su login en el fichero /etc/cron.allow (un login
por línea). Si este fichero no existe, se permite a cualquier usuaria o usuario la utilización del cron. Es conveniente que el fichero
/etc/cron.allow exista, no sólo para restringir su utilización, sino
también para no saturar el sistema si todos los usuarios y usuarias
(a veces cientos) pueden hacer uso de él. Asimismo existe el fichero
/etc/cron.deny que utilizaremos para insertar en él los logins que

no pueden utilizar cron.

Para visualizar las tareas que tenemos programadas teclearemos:

```
crontab -l
```

y para editar el crontab teclearemos:

```
crontab -e
```

que nos abrirá un editor de textos (el que tengamos definido en la variable $EDITOR), para realizar los cambios que estimemos.

Esta tabla posee seis columnas:

Las dos primeras son para especificar la hora de la ejecución, escribiendo en la segunda la hora y en la primera los minutos.

Las tercera especifica el día que queremos que se ejecute y la cuarta el mes.

La quinta especifica el día de la semana (0 = 7 = domingo).

En la sexta escribiremos lo que queremos que se ejecute.

Con las cinco primeras columnas podremos entonces programar cuándo queremos que se ejecute lo que escribimos en la sexta columna, pudiendo dejar alguno de los campos, salvo el sexto, con un asterisco (*) pero nunca vacío. El asterisco significa *cualquiera*, y por ejemplo podríamos ejecutar el script llamado *busca* los lunes, miércoles y viernes a las 6:30 mediante:

```
30 6 * * 1,3,5 /ruta/busca
```

teniendo en cuenta que es importante especificar la ruta del archivo *busca*, y que hemos podido especificar varios días de la semana separando con comas los diferentes días.

Además de utilizar la coma para separar días, podemos utilizar el guión:

```
30 6-8 * * 1,3,5 /ruta/busca
```

de tal forma que en el ejemplo se ejecutará /ruta/busca los lunes, miércoles y viernes a las seis y media, siete y media y ocho y media de la madrugada.

Si quisiéramos ejecutar algo cada cinco minutos, lo primero que se nos podría ocurrir es programar la ejecución escribiendo en la columna de los minutos 0,5,10,... Una forma de ahorrar caracteres a la hora de programar esta opción es escribir:

```
*/5 * * * 1,3,5 /ruta/busca
```

que ejecutará /ruta/busca cada cinco minutos los lunes, miércoles y viernes.

Lo que nos puede inducir a error es la utilización del campo tres junto con el cinco al mismo tiempo, por ejemplo:

```
* * 5 6 1 /ruta/busca
```

podríamos pensar que se ejecutaría el comando /ruta/busca cada minuto del día 5 de Junio siempre que sea lunes. La equivocación está en la palabra *siempre*, pues lo que hemos programado realmente es que se ejecutará /ruta/busca cada minuto del día 5 de Junio, así como todos los lunes de Junio.

En vez de editar esta tabla directamente, podemos editar un fichero escribiendo estos campos según nos interese y para cargarlo en nuestro cron ejecutaríamos:

```
crontab fichero.cron
```

Hay que tener cuidado con esta forma de trabajar, pues todo lo que tuviéramos programado previamente lo perderíamos, para ello lo que podríamos hacer es:

```
crontab -l >fichero.cron
```

que nos volcaría en el fichero llamado *fichero.cron* lo que tuviéramos en nuestro cron, editaríamos este fichero añadiendo lo que quisiéramos, y finalmente teclearíamos *crontab fichero.cron* para cargar todo, lo antiguo y lo nuevo.

Además de estas opciones, de rellenar los cinco primeros campos para establecer el momento de la ejecución en diferido, Linux entiende otras sintaxis que pueden simplificarnos más o menos la vida:

```
@reboot: para ejecutarse al iniciar la máquina
@yearly: para hacerse una vez al año
                       (equivalente a 0 0 1 1 *)
@annually: idéntico a @yearly
@monthly: para ejecutarse una vez al mes
                       (equivalente a 0 0 1 * *)
@weekly: para ejecutarse una vez a la semana
                       (equivalente a 0 0 * * 0)
@daily: para ejecutarse una vez al día
                       (equivalente a 0 0 * * * )
@midnight: equivalente a @daily
@hourly: para ejecutarse una vez cada hora
        (equivalente a 0 * * * *)
```

8.6.3.   at

at[42] es un comando para diferir la ejecución de un programa. Con esta definición podíamos pensar que no existe diferencia entre la utilización del cron o la utilización de at, pero la diferencia básica es que cron está indicado en la programación de tareas constantes, es decir, tareas que se van a ejecutar no solamente una vez, sino a lo largo de una semana, un mes, etc.

at está indicado entonces cuando queramos lanzar un programa puntualmente y sepamos que no podemos estar delante del teclado en ese momento.

Al igual que cron, at tiene un fichero donde especificamos quién tiene permiso para utilizarlo. Este fichero se llama at.allow y está en el directorio /etc (o lo generaremos si no existe). Si este fichero está vacío cualquier usuario o usuaria del sistema podrá utilizar at, pero si tiene escrito algún login en él, sólo estos que estén incluidos podrán utilizar at. Asimismo existe el fichero /etc/at.deny, con un significado análogo al visto para /etc/cron.deny, es decir, no autorizar a las y los usuarios incluidos en el fichero a utilizar at.

Para mandar un trabajo a las 4pm dentro de tres días con at teclearemos:

```
at 4pm +3 days
```

y cuando nos aparezca:

```
at>
```

escribiremos lo que queremos ejecutar, por ejemplo: /ruta/comando
y cuando pulsemos INTRO nos volverá a aparecer el prompt de at
para poder especificar otra acción que queramos que se ejecute. Si
no queremos más presionaremos Control+d

También podemos especificar una fecha concreta, sin relación
con la hora en la que se manda el trabajo, mediante:

```
at 10am Jul 31
```

y podemos utilizar también especificaciones prefijadas, que son mid-
night, noon y teatime (medianoche, mediodía y la hora del té, es
decir, doce de la noche, doce de la mañana y las cuatro de la tarde
respectivamente).

Para ver todas las tareas que tenemos programadas mediante el
comando at, teclearemos:

```
atq
```

Si deseamos eliminar una de las tareas que hemos programado
con *at*, podemos fijarnos en el número de orden que le ha dado el
sistema tras ejecutar *atq* y eliminarla con:

```
atrm número-de-orden
```

8.7. Comandos de compresión, empaquetado y backup.

8.7.1. compress/uncompress

compress comprime un fichero, cambiando el nombre añadiéndole
.Z al final. No se puede leer directamente, pero ocupa menos espacio. El fichero original se elimina.

uncompress descomprime los ficheros comprimidos con compress.

8.7.2. gzip/gunzip

Lo mismo, pero cambia la extensión a .gz. En principio comprime mucho más, siendo un producto ajeno a UNIX, dentro de la gama de productos GNU (GNU is Not UNIX). Hoy en día se encuentra en todos los Linux.

8.7.3. bzip2/bunzip2

Estos comandos realizan la misma labor que las parejas precedentes, es decir, comprimen y descomprimen. La extensión que obtendremos al comprimir un archivo mediante bzip2 es .bz2

La mayoría de los gestores de archivos permiten comprimir los archivos, es decir, mediante el ratón, y dentro del entorno gráfico, podemos comprimir archivos fácilmente. Para ello en la mayoría de los casos, como podemos ver en la figura 8.10, lo único que tenemos que hacer es resaltar el archivo que queremos comprimir y pulsar el botón derecho del ratón para elegir la opción correspondiente. En este momento se nos ofrecerán diferentes posibilidades, dependiendo si queremos utilizar bzip2, gzip, etc. y tras elegirla habremos generado el archivo comprimido con el nombre deseado y en el directorio que estimemos oportuno.

8.7.4. xz/unxz

Esta pareja es la más moderna de las presentadas para comprimir. Dependiendo de los ficheros que queramos comprimir podemos encontrar un ratio mucho mejor que con el resto de comandos anteriormente vistos. La extensión que utiliza para identificar el fichero que ha comprimido es *.xz*.

8.7.5. tar

Se usa para copiar ficheros, árboles enteros o ramas del arbol en otro fichero, o incluso en unidad de cinta. También sirve para recuperarlos, obviamente. Es un modo muy útil para hacer backup o transferir a otro ordenador un esquema de directorios determinado.

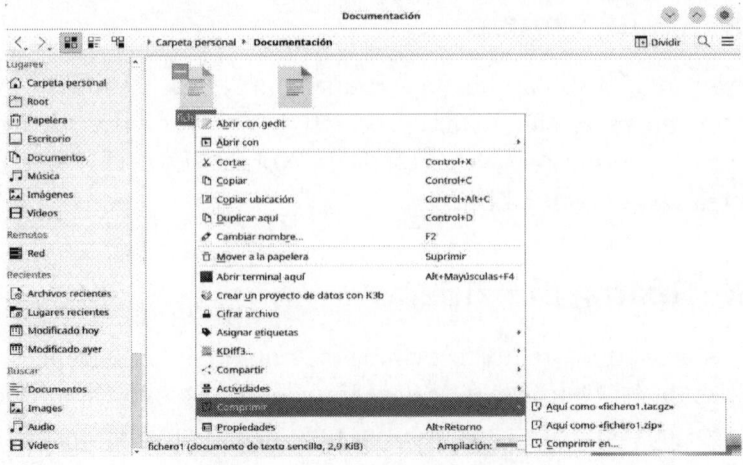

Figura 8.10: Para comprimir un archivo desde un gestor de archivos simplemente elegiremos la opción adecuada a través del menú que nos aparece al pulsar el botón derecho del ratón cuando tengamos resaltado el archivo a comprimir.

crea un archivo en formato tar.

-t

lista el contenido de un archivo tar.

-x

extrae algo de un archivo tar, o todo lo que haya.

-v

se ejecuta en modo *verbose*.

-f

especifica el fichero o la unidad de backup (cinta).

Ejemplos:

```
tar -cvf /dev/nst0 /bin /usr/bin
```

Copia los directorios /bin y /usr/bin y los vuelca a cinta, a la unidad nst0.

```
tar -cvf seguridad /bin /usr/bin
```

Copia los directorios /bin y /usr/bin y los vuelca a un fichero que se llama seguridad. Este fichero no se puede editar con vi, pero sí, por ejemplo, comprimir con gzip, transferir y *desplegar* en otro ordenador.

```
tar -xvf seguridad /bin
```

Extrae el directorio /bin con todo su contenido del fichero tar *seguridad*, desplegándolo tal y como fue creado.

Al igual que veíamos en los apartados anteriores, podemos utilizar un gestor de archivos para, desde el entorno gráfico, poder crear un archivo tar que contenga los archivos, directorios, etc. que estimemos oportuno.

La forma de crear un contenedor tar es sencilla, pues lo único que tendremos que hacer es seleccionar, en el gestor de archivos y como podemos ver en la figura 8.11, los que queremos guardar en el fichero tar resultante, y a continuación pulsaremos el botón derecho del ratón para acceder a la opción *crear archivador* del menú que se nos abre. En este momento no sólo podremos generar un archivo tar que contenga todos los ficheros resaltados, sino que además podremos elegir que comprima este archivo tar mediante bzip2 o gzip para que el fichero resultante ocupe menos en disco.

8.7.6. dump

Sirve para hacer backups de un filesystem entero. Usualmente esto suele ser responsabilidad de root. El backup se realiza por niveles. El nivel es un número arbitrario que nos indica qué modificaciones se desean salvar. Por ejemplo: si hago un nivel 0 guardo todo. Si hago un nivel 4 guardo todo lo modificado desde el nivel 0. Si ahora hago un nivel 2 guardo todo lo modificado desde el nivel 0, si hago un nivel 6 guarda todo lo modificado desde el nivel 4... y así sucesivamente, pues siempre se realiza el backup de lo que se ha cambiado desde el backup con nivel inmediatamente anterior al

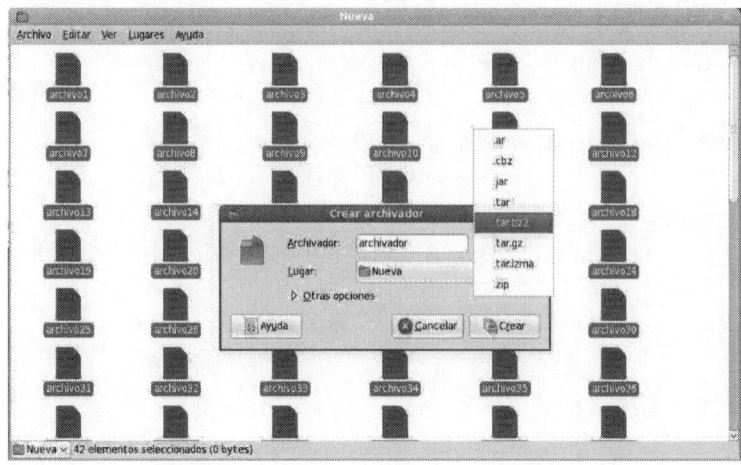

Figura 8.11: Para empaquetar una serie de ficheros desde un gestor de archivos simplemente elegiremos la opción adecuado a través del menú que nos aparece al pulsar el botón derecho del ratón cuando tengamos resaltados los ficheros.

que se pide en cada momento, salvo cuando se realiza un backup con nivel 0, ya que se respalda todo en ese caso. Así logramos hacer respaldos (backups) incrementales.

8.8.   Comandos relacionados con las comunicaciones.

8.8.1.   hostname

Sin argumentos, nos indica el nombre de la máquina en la que estamos. Si le tecleamos un nombre:

```
hostname calixto
```

si somos root, cambiamos el nombre del host al nuevo que le damos (calixto en nuestro ejemplo). Esto permanecerá así hasta el siguiente arranque del ordenador, en el que tendrá el nombre que se le haya indicado en los ficheros de configuración.

8.8.2. ping

Envía paquetes de datos a un ordenador y este debe retornarlos a nuestro ordenador salvo que esté configurado para rechazarlos, de tal manera que tras recibir estos paquetes de vuelta, nuestro ordenador evalúa si se ha perdido alguno de ellos o si alguno se ha recibido de forma incompleta. Por lo tanto, sirve para saber si hay conectividad entre nuestro ordenador y el ordenador o dispositivo en red al que hacemos el ping y evaluar su calidad.

```
ping home.qui.uam.es
```

Con este comando, comenzaremos a observar datos en la pantalla indicándonos el tiempo que ha necesitado nuestro ordenador para comunicarse con el otro, o si esta comunicación no ha sido posible. Para terminar hay que teclear CTRL-C y nos aparecerá un resumen de todos estos datos. Se puede indicar el número de paquetes que queremos que envíe con la opción -c.

El entorno gráfico también nos ofrece posibilidades en este sentido, es decir, podemos utilizar diferentes aplicaciones, como por ejemplo gnome-nettool, para realizar un ping a un equipo. En el caso concreto de gnome-nettool tendremos que escribir la dirección a la que queremos realizar el ping dentro de la ventana correspondiente en la pestaña *Ping*, como podemos ver en la figura 8.12.

8.8.3. nslookup

Todos los ordenadores conectados a la Internet tienen una IP (un número que le caracteriza) y la mayoría de las veces un nombre asociado a esta IP. Si solamente sabemos la IP y queremos saber el nombre, o viceversa, haremos uso del comando nslookup, tecleando:

```
nslookup IP
```

O bien

```
nslookup nombreequipo
```

Al igual que veíamos para el comando ping, también podemos utilizar herramientas gráficas para obtener el mismo resultado que

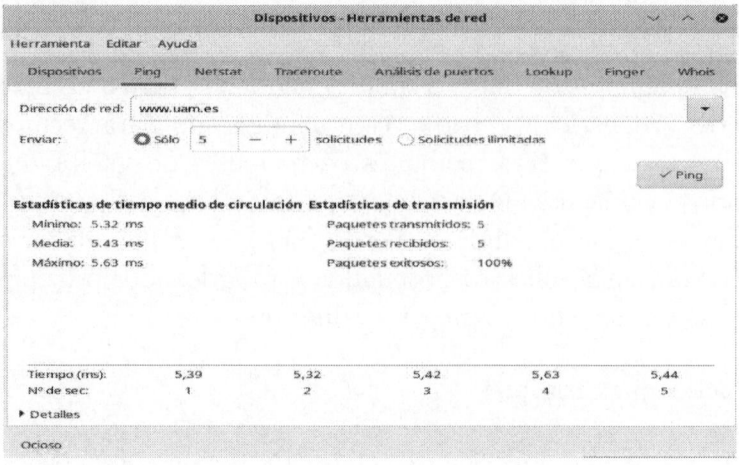

Figura 8.12: Gracias a la herramienta gnome-nettool podremos realizar un ping a un equipo desde el entorno gráfico.

con este comando. En este sentido podemos utilizar por ejemplo gnome-nettool, simplemente rellenando el nombre correspondiente del equipo del que queremos su correspondencia en la pestaña *Buscar/Lookup*, nos realizará la consulta como podemos observar en la figura 8.13.

8.8.4. host

Este comando es equivalente a nslookup, es decir, nos da el nombre de un equipo si ejecutamos

```
host direccion-ip
```

y nos informa de la ip relacionada con un nombre de un equipo si escribimos:

```
host nombreequipo
```

8.8.5. traceroute

Seguido de una dirección IP, nos permite saber la ruta que - recorren los paquetes que mandamos a ese ordenador. Es decir,

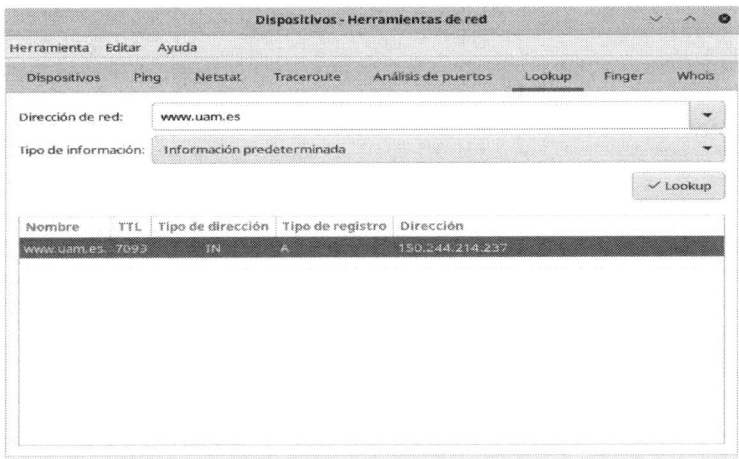

Figura 8.13: Podremos realizar una consulta en el servidor de nombres gracias a aplicaciones gráficas como gnome-nettool con gran facilidad.

nos va mostrando las máquinas por las que nuestros paquetes van pasando hasta llegar a la máquina destino. Es una herramienta que nos permite conocer, entre otras cosas, qué tipo de problemas de conexión podemos tener cuando las comunicaciones no van bien.

8.8.6. netstat

netstat es un comando que nos muestra el estado de las comunicaciones en nuestro ordenador, es decir, los servicios que tenemos abiertos, las conexiones que se están estableciendo, manteniendo o cerrando con otros equipos, etc.

Su uso es relativamente complicado en un principio, pero tecleando:

```
netstat -a
```

podremos ver el tipo de conexiones que tiene nuestra máquina, de tal forma que si alguna vez encontramos algo que nos resulte extraño, como por ejemplo una conexión con una máquina que no conocemos de nada, podremos deducir que alguien está intentando comunicarse con nuestra máquina.

No sirve que seamos aprensivos a la hora de utilizar esta herramienta, pues muchas veces alguien puede intentar conectarse remotamente a nuestra máquina simplemente por confusión (un error al teclear el nombre del ordenador), y por lo tanto no tiene nada que ver con un ataque. No obstante, si vemos conexiones mantenidas durante mucho tiempo y reiteradas en el tiempo de una máquina en concreto, será el momento de intentar descubrir qué está ocurriendo.

La herramienta gnome-nettool, de la cual hemos hablado varias veces ya, nos permite obtener el mismo resultado que este comando, pero siendo esta una aplicación gráfica (que no la única) que podemos utilizar en nuestra distribución GNU/Linux. El resultado obtenido lo podemos apreciar en la figura 8.14.

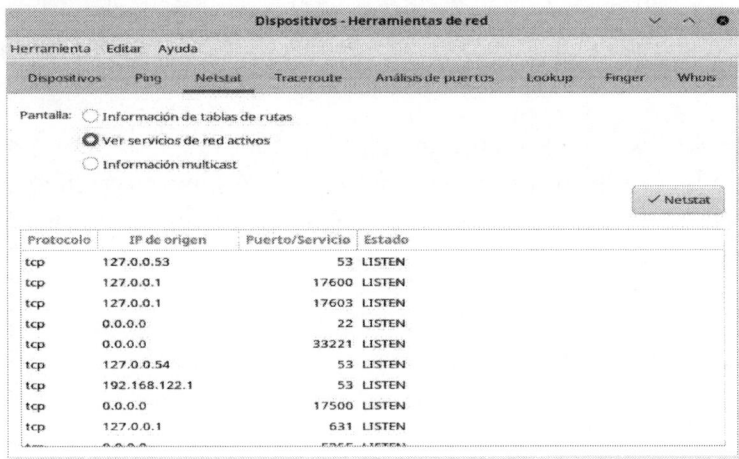

Figura 8.14: Podemos consultar las conexiones de nuestro equipo mediante la utilidad gnome-nettool.

8.8.7. ifconfig

Muestra el estado de los interfaces de red de nuestro ordenador y con privilegios de root configura un interfaz de red.

Si tecleamos

```
ifconfig
```

(no hace falta ser root), podemos ver la IP que tiene asignada nuestra tarjeta de red, así como la máscara de red que tiene y el tráfico que está soportando.

La entrada *lo* aparecerá aunque no tengamos configurada una tarjeta de red en nuestro ordenador, y es que hace referencia al mismo ordenador, es decir, es el interfaz (no físico) que comunica el ordenador consigo mismo.

Si tenemos privilegios de root podremos deshabilitar la tarjeta de red tecleando:

```
ifconfig eno1 down
```

y podremos habilitarla tecleando:

```
ifconfig eno1 IP netmask mascara-de-red up
```

donde *IP* es el número ip de nuestro ordenador y *mascara-de-red* la máscara de red que queramos dar a nuestra tarjeta de red, que en estos dos ejemplos es la *eno1*. Es posible que el nombre de nuestra tarjeta sea diferente.

8.8.8. telnet

Es un interfaz para utilizar el protocolo telnet, es decir, para poder efectuar una conexión remota a otra máquina.

Si tecleamos

```
telnet nombre-máquina
```

lo que hará este comando es efectuar una conexión con la máquina llamada *nombre-máquina* siguiendo el protocolo telnet, de tal forma que se nos pedirá el login que queremos utilizar en la máquina destino y acto seguido la contraseña de este login en la máquina destino.

Esto siempre se podrá utilizar si la máquina destino está habilitada para este fin. Por ejemplo si la máquina destino tiene sistema operativo Windows podemos casi estar seguros que este tipo de conexión no se podrá realizar, pues para poderla llevar a cabo se tiene que instalar en esta máquina un servidor telnet y normalmente no se hace. Si la máquina destino tiene como sistema operativo Linux o/y UNIX podremos realizar la conexión siempre y cuando la máquina destino esté bien configurada y permita, por motivos de seguridad, que efectuemos desde nuestra máquina, esta conexión.

Para acabar una conexión remota teclearemos el comando exit, o Ctrl+D o Control+].

Este comando tiende a caer en desuso, debido a que la información que se transmite lo hace sin cifrar, incluidas las contraseñas.

8.8.9. ftp

Es un programa que nos permite efectuar transferencias de ficheros siguiendo el protocolo ftp (file transfer protocol).

Lo que hacemos es establecer una conexión con una máquina destino, y se nos pedirá el login en esta máquina destino así como la contraseña del mismo. La máquina destino tiene que tener instalado un programa llamado servidor de ftp para permitir este tipo de conexiones.

Una vez hemos establecido la conexión, podremos movernos a través de la estructura de directorios de la máquina remota mediante el comando cd, podremos listar ficheros mediante el comando ls, podremos crear directorios mediante el comando mkdir, podremos eliminar ficheros mediante el comando delete y podremos eliminar directorios mediante el comando rmdir, todo esto siempre y cuando la política de seguridad de la máquina remota lo permita.

Esta herramienta se utiliza para traer ficheros a nuestra máquina o para llevar ficheros desde nuestra máquina, operaciones que se llevan a cabo mediante los comando get y put respectivamente, y también siempre y cuando la política de seguridad nos lo permita.

Hay que tener en cuenta que hay dos tipos de transmisiones posibles, la ASCII, que se utiliza para transportar ficheros de texto simple, o la binaria, para transportar cualquier tipo de ficheros, por ello es importante, al iniciar la conexión, el teclear el comando bin para que cualquier transferencia se lleve a cabo de forma binaria, de tal forma que podamos transferir ficheros ejecutables, por ejemplo, sin problema alguno; salvo que quisiéramos una transmisión ASCII por algún motivo concreto, donde teclearíamos ASCII.

Para terminar una conexión remota de este tipo teclearemos el comando bye o quit.

Tradicionalmente el comando ftp se utilizaba mucho por línea de comandos, para enviar algún fichero de un servidor a otro, si bien este tipo de aplicación en concreto se hace poco llevadera desde la línea de comandos cuando es necesario intercambiar más de una decena de archivos, pues el número de sentencias a teclear se hace tedioso.

En este sentido se han desarrollado diferentes aplicaciones gráficas que realizan estas tareas de forma automática, sin que tengamos que realizar ninguna tarea salvo la de indicar a qué servidor queremos conectarnos, con qué credenciales lo queremos hacer y qué archivos (o directorios con su contenido) queremos transferir.

Cabe destacar la herramienta *gftp*[43](8.15), que podemos encontrar en muchas distribuciones Linux en el menú *Internet*, o la podemos instalar en caso contrario si la consideramos interesante.

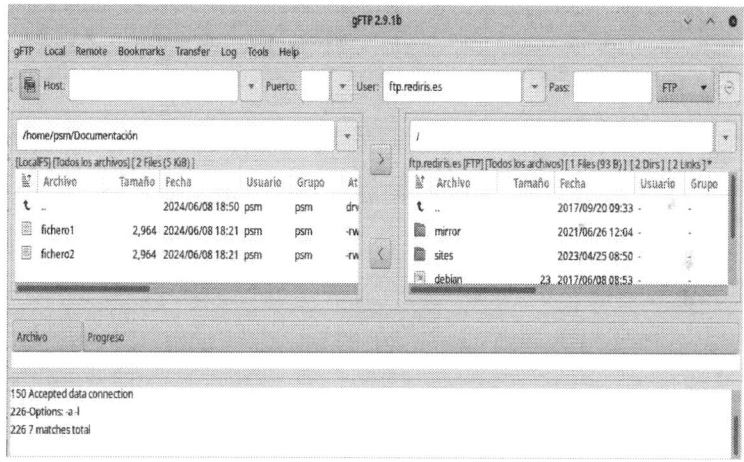

Figura 8.15: gftp. Herramienta gráfica para realizar transferencias ftp, sftp, etc.

Esta herramienta permite realizar conexiones ftp, anónimas o con login y contraseña, pero también otro tipo de conexiones cifradas, como sftp (que veremos más adelante), y que vienen a sustituir a las conexiones no cifradas.

8.8.10.   ssh

Es la versión segura de telnet, pues hay que tener en cuenta que cuando se establece una conexión remota siguiendo el protocolo telnet, toda la información que circula entre las dos máquinas puede ser interceptada por cualquier persona que conecte un ordenador *entre ambas máquinas* y como esta información es enviada sin cifrar, se podrá obtener todos los datos que enviemos.

ssh permite una conexión entre máquinas, y si bien es cierto que se puede interceptar sin mayor problema esta conexión, al ir toda la información cifrada lo que se verá son datos que no tendrán ningún sentido, de tal forma que esta forma de comunicarse cada vez se está extendiendo más por las implicaciones que conlleva.

Similarmente, existe sftp que es, podríamos decir, la evolución de ftp, donde la información se transmite cifrada como en el caso de ssh y por lo tanto segura.

8.9.   Otros comandos.

8.9.1.   sort

Ordena líneas de ficheros:

```
sort -n
```

el orden establecido es numérico.

```
sort -r
```

establece un orden inverso.

```
sort -u
```

las líneas idénticas aparecen una sola vez.

Por ejemplo:

```
wc -l * |sort -rn
```

lista ficheros por orden decreciente de líneas. Hemos utilizado | que es una tubería, que alimenta al comando a su derecha con el resultado del comando a su izquierda.

8.9.2. time

Cuando termina el programa o script indicado como argumento, nos dice el *elapsed time, execution time* y *system time* del proceso.

```
time sleep 3

real  0m3.004s
user  0m0.000s
sys   0m0.004s
```

8.9.3. date

Imprime la fecha. Se puede formatear para que salga a nuestro gusto. Si tenemos privilegios de root, el comando date seguido del valor de la fecha y hora modifica la fecha del sistema:

```
date MMDDhhmm
```

Donde MM es el mes, DD el dia, hh la hora y mm el minuto. Es decir, que si queremos ajustar nuestra fecha a 7 de enero a las 17:13 teclearemos:

```
date 01071713
```

8.9.4. df

Muestra por pantalla los sistemas de archivos que se encuentran en ese momento montados, bien sean locales o importados. Incluye información sobre el espacio total que tiene el sistema de archivos en cuestión, cuánto espacio está ocupado y cuál es el punto de montaje. En ocasiones, los sistemas de archivos críticos (/, /var) cuando se llenan provocan fallos de funcionamiento. El uso de este comando puede desvelarnos estos problemas.

Es útil usar la opción -h para que todas las unidades vayan en formato *sencillo* para personas, es decir en la unidad (KB, MB, GB, TB, etc.) más cercana al total de su ocupación.

8.9.5. du

Da la ocupación del directorio elegido y subdirectorios.

```
du -k
```

muestra la ocupación en kilobytes.

```
du -s
```

muestra solo el tamaño total del directorio (y sus directorios), sin mostrarnos información directorio a directorio.

```
du -h
```

Como en el caso de df, el formato es *sencillo* para personas, es decir, se dará la capacidad en la unidad más sencilla de mostrar en pantalla.

8.9.6. mount

Monta un sistema de archivos. *Montar* en Linux quiere decir hacerlo accesible. root puede montar los sistemas de archivos del ordenador, sin embargo si no somos root, sólo podremos montar aquellos que tengamos permitidos.

Si un sistema de archivos está declarado en el fichero /etc/fstab, podremos montarlo fácilmente haciendo uso del dispositivo en cuestión o del punto de montaje. Por ejemplo, si el dispositivo /dev/cdrom (la unidad de cdrom) está en la lista del fichero fstab y allí dice que se monta en /mnt/cdrom, podríamos simplemente teclear

```
mount /dev/cdrom
```

O bien

```
mount /mnt/cdrom
```

Con el mismo resultado, es decir, montar la unidad de cdrom en el directorio /mnt/cdrom.

Para montar todos los sistemas de archivos especificados en el fichero /etc/fstab teclearemos:

```
mount -a
```

Si el sistema de archivos que deseamos montar no se encuentra declarado en /etc/fstab, también podremos montarlo, pero debemos indicarle todas las opciones. Son numerosísimas, pero podemos poner dos ejemplos:

```
mount -t ext4 /dev/sda2 /home
```

montaría la partición de tipo ext4 /dev/sda2 y la haría accesible sobre el directorio /home.

```
mount -t nfs 150.244.12.1:/usr/local /usr/local/felipe
```

montaría vía nfs el sistema de archivos /usr/local que reside en el host 150.244.12.1 que pasaría a ser accedido localmente con el nombre /usr/local/felipe

8.9.7. alias/unalias

Define y elimina la definición de un alias para comandos.

```
alias rm="rm -i"
```

Así cada vez que se ejecute *rm*, realmente el sistema ejecutará *rm -i*.

El comando alias, al ejecutarlo sin opciones, nos muestra los alias que tenemos definidos.

8.9.8. echo

Repite lo que va a continuación, ya sea una cadena de texto o el valor de una variable si ésta va precedida por el carácter \$.

```
echo hola
```

imprime la palabra *hola*.

```
echo $hola
```

imprime lo que contiene la variable *hola*.

8.9.9. who

Nos dice quién está conectado o conectada.

Podríamos tener una salida, por ejemplo:

```
juan      pts/8        2024-02-12 10:07 (laboratorio2.uam.es)
pepe      pts/9        2024-02-13 19:32 (ordenador4.upm.es)
maria     pts/17       2024-02-14 12:47 (ordenador5.upm.es)
```

donde podemos observar que en la primera columna tenemos los login de las personas conectadas, en la segunda el terminal en el que están conectadas, en la tercera y cuarta el día y hora de la conexión, y en la última el ordenador desde el que se han realizado las conexiones.

8.9.10. finger

Nos dice quién está conectado o conectada, así como su información si le damos el nombre de este como argumento a finger.

La salida de este comando bien podría ser:

```
Login Name          Tty    Idle  Login Time Where
rafa  Rafael Gomez pts/1  3:26  Tue 14:03  maquina1.uam.es
pablo Pablo Franci pts/4  5:28  Mon 15:45  labo1.ucm.es
juana Juana de Ros pts/7  1:38  Sat 16:25  uno.qui.uam.es
```

donde observamos en la primera columna el login de las personas conectadas, en la segunda su nombre completo (ajustado al ancho de la columna), en la tercera columna la terminal en la que están conectadas, en la cuarta columna el *idle time* o tiempo que llevan sin ejecutar un comando, en la quinta columna la fecha en la que hicieron login en el sistema y en la última columna la máquina desde que realizaron la conexión.

8.9.11. w

Muestra quiénes están conectados o conectadas y qué comandos están ejecutando en este momento. La columna IDLE suele ser bastante interesante ya que nos dice el tiempo que llevan sin teclear nada, información que nos es útil para saber si una conexión está

siendo utilizada o si probablemente fue abierta en su momento y
no se han acordado de cerrarla.

Un ejemplo de salida de este comando puede ser:

```
USER      TTY          LOGIN@    IDLE    JCPU    PCPU WHAT
miguel    pts/0        Mon11     2days   0.14s   0.14s -ksh
juan      pts/1        Tue14     3:31m   2.92s   0.01s vi file
alicia    pts/2        Tue20     13:15m  0.73s   0.05s vi abc
```

en la que podemos comprobar que en la primera columna nos
aparece el login de las personas conectadas, en la segunda la terminal de conexión, en la tercera la fecha en la que hicieron login
en el sistema, en la cuarta el tiempo desde la última ejecución de
un comando en el sistema, en la quinta columna el tiempo que ha
empleado el sistema en las órdenes dadas desde esta terminal y en
la sexta columna el tiempo utilizado en la ejecución de los comandos que están siendo ejecutados por las personas conectadas en el
momento actual, comandos recogidos en la última columna.

8.9.12. whoami

Nos indica a qué login pertenece la shell en la que acabamos de
teclear este comando. Puede parecer un comando un tanto inservi-
ble, pero cuando tenemos muchas sesiones abiertas, con conexiones remotas a otras máquinas en las que tenemos logins diferentes,
muchas veces no es evidente saber exactamente qué login utilizamos
en cada momento. Si además en alguna de ellas somos root, cercio-
rarnos antes de ejecutar un comando crítico de quién lo va a ejecutar
realmente puede ser algo vital.

8.9.13. clear

Limpia la ventana que estamos utilizando, dejándonos el prompt
en la primera línea a la espera de nuevas instrucciones, siendo por
tanto muy útil para evitar confusiones cuando tenemos la pantalla
llena de datos de ejecuciones previas de comandos.

8.9.14. mail

Forma muy primitiva de mandar un mensaje de correo electrónico:

```
mail alberto@calliope.cccfc.uam.es
hola
soy yo
adios
<CTRL-D>
```

También sirve para leer el correo electrónico, si bien es un programa no gráfico, relativamente tedioso de utilizar y por lo tanto no muy utilizado para estos fines.

8.9.15. ksh, csh, bsh, bash

Abre una shell. No exporta necesariamente las variables de entorno.

8.9.16. make

Cuando queremos compilar un código fuente de nuestra creación o que hemos conseguido en la Internet, etc, lo que hacemos normalmente es teclear desde la línea de comandos las opciones de nuestro compilador. Si las opciones que tenemos que dar son muchas, o si este proceso lo tenemos que hacer muchas veces, o si el número de ficheros a compilar es muy grande (como por ejemplo pasa con programas comerciales que nos venden o que podemos adquirir de forma gratuita), tener una utilidad que haga todo el trabajo fácilmente es muy bien recibida.

Para ello se creó la utilidad make[44], que lo que hace es buscar un fichero, en el directorio actual, por defecto, llamado GNUmakefile, makefile o Makefile (en este orden; en cuanto encuentra uno lo procesa) y ejecutar todo lo que en él sea dicho (normalmente una serie de compilaciones tediosas). Si el fichero que busca por defecto no está en nuestro directorio actual, o lo hemos creado con otro nombre por cualquier razón, podemos hacérselo saber a make mediante la opción *-f*. Los ficheros Makefile suelen tener definidas unas *reglas*, es decir, una serie de apartados que se puede realizar de forma independiente dependiendo de cómo sea llamado el comando make.

Por ejemplo podemos crear un apartado llamado *integrales* que lo que haga es compilar todos los programas que hemos creado para integración, podemos crear otro que se llame *derivadas* que compile todos los programas que hemos creado y que sirvan para derivar, etc. Si tecleamos entonces *make integrales*, make sólo realizará las órdenes del apartado *integrales*.

Generar ficheros Makefile suele ser complicado, a la vez que tedioso, y normalmente no los vamos a crear, sino que los vamos a recibir hechos cuando adquiramos programas de Internet o de alguna empresa o grupo de investigación al que hayamos comprado un programa, y lo que hay que saber entonces es que con el comando make podremos compilarlos.

8.9.17.   env

Nos muestra las variables de entorno definidas para la shell actual.

8.9.18.   passwd

Comando para cambiar la contraseña de nuestra cuenta; pide la contraseña antigua, salvo que se ejecute como root.

8.9.19.   exit

Sale de la sesión.

8.9.20.   od

Sirve para mostrar el contenido de ficheros en formato octal y otros formatos.

```
od prueba
```

muestra el contenido del fichero *prueba* en formato octal, tomado su contenido de dos a dos bytes.

```
od -b prueba
```

muestra el contenido del fichero *prueba* en formato octal, pero tomado su contenido byte a byte.

```
od -c prueba
```

muestra los caracteres que conforman el fichero *prueba*.

8.9.21. tr

Se emplea como traductor. Para ver un ejemplo, se puede crear un fichero *fich* que contenga mayúsculas y minúsculas y después ejecutar:

```
tr [A-Z] [a-z] < fich
```

y cambiará todas las mayúsculas en minúsculas.

```
tr [A-Z] [X*] < fich
```

cambia todos los caracteres en mayúsculas por X.

```
tr -d [A-Z] < fich
```

elimina las mayúsculas.

```
tr -s [a-z] < fich
```

suprime los caracteres definidos si se encuentran repetidos.

```
tr -c [A-Z] [X*]< fich
```

traduce el complementario, esto es, lo que no sea [A-Z]. En este caso cambiaría por el carácter X todo lo que no sea mayúscula.

8.9.22. tee

Redirecciona a un fichero a la vez que a la salida estándar (que suele ser la pantalla). Lee de la entrada estándar. Es un *filtro*.

```
ls -l | tee directorios.lista
```

de esta forma obtendremos en pantalla la salida del comando *ls -l* a la vez que se generará el fichero *directorios.lista* con el mismo contenido.

8.9.23. chsh

Cambia de shell por defecto. A este comando le daremos como argumento la shell a la que queremos cambiar, que cambiará siempre que esté autorizada en /etc/shells.

root podrá cambiar la shell de cualquier login.

8.9.24. shutdown

Se utiliza para apagar el sistema o reiniciarlo de una forma segura. Si se utiliza con la opción -h lo que provocará será un halt, y será equivalente a haber tecleado el comando halt, dejando al ordenador apagado completamente (a la espera de desenchufarlo).

Si se utiliza con la opción -r lo que provocará será un reinicio, que será equivalente a haber utilizado el comando reboot, y esto lo que hará es reiniciar el ordenador.

Al final del comando podemos teclear también cuándo queremos que la acción tome efecto, por ejemplo le podemos decir que ahora mismo:

```
shutdown -h now
```

Capítulo 9

Permisos.

Cuando ejecutamos el comando ls -l en un fichero, además del primer carácter que nos sale a la izquierda para darnos información adicional sobre el fichero, nos salen otros 9 caracteres. Son los llamados *bits de permiso* y se usan para determinar qué operaciones se pueden realizar en un fichero y por quién.

Linux no establece permisos[45] basándose exclusivamente en usuarios y usuarias. En vez de esto, hay conjuntos de permisos para la persona propietaria del fichero, el grupo al que pertenece el fichero y el resto de las y los usuarios.

Cada login en Linux tiene asociado al menos un grupo, aunque lo habitual es definir grupos para clasificar mejor a los usuarios y usuarias.

Cada login cae dentro de una y solo una de las tres categorías. Si coincide con más de una, se aplica la que esté más a la izquierda para que sólo pertenezca a una. Las categorías son:

1. El fichero es de su propiedad.

2. Es miembro del grupo al que pertenece el fichero pero NO es de su propiedad.

3. Otro cualquiera que no se encuentre en las 2 anteriores situaciones.

Cada conjunto tiene 3 bits, de los nueve de los que hablábamos. Son de lectura, modificación y ejecución.

Si se tiene activado el bit de lectura, aparece una r. Si no, un carácter -

Si se tiene activado el bit de modificación, aparece una w. Si no, un carácter -

Si se tiene activado el bit de ejecución, aparece una x. Si no, un carácter -

9.1.   Significado en ficheros.

r: el fichero puede ser abierto, leído y copiado.

w: el contenido del fichero puede ser modificado. También borrado o cambiado de nombre, pero esto depende del directorio donde se encuentre.

x: El fichero puede ser ejecutado. Hay 2 tipos de ficheros ejecutables: binarios, que se pueden ejecutar directamente en la CPU, y scripts, que son un conjunto de instrucciones del sistema operativo escritas en un fichero para su ejecución secuencial.

Por ejemplo, si tecleo date obtengo la hora. Pero si edito un fichero que se llame *guai* y en él escribo:

```
echo "buenas"
echo "la fecha es"
date
echo "hasta pronto"
```

Entonces, la ejecución de *guai* nos da la hora con los mensajes que hemos programado.

Un fichero que contenga algo que puede ser ejecutado, ya sea binario o script, debe tener permiso de ejecución pues si no el sistema no lo ejecutará. Los scripts necesariamente tendrán que tener también permiso de lectura respecto a la persona que lo ejecuta.

9.2.   Notación octal.

Los tres primeros bits controlan el acceso para la persona propietaria, siendo su valor octal 400, 200 y 100 para lectura, modificación y ejecución, respectivamente. Los otros tres controlan el acceso para el grupo, sus valores son 40, 20 y 10 para lectura, modificación y ejecución, respectivamente. Los otros tres controlan el acceso para los otros logins. Sus valores son 4, 2 y 1 para lectura, modificación y ejecución respectivamente.

Linux coloca una r,w,x cuando hay permiso y un carácter - cuando no lo hay. Pero en este binario mundo, podríamos poner un 0 para denegar permiso y un 1 para darlo. Entonces tendríamos algo así:

Octal	Binario	Permisos
0	000	- - -
1	001	- - x
2	010	- w -
3	011	- w x
4	100	r - -
5	101	r - x
6	110	r w -
7	111	r w x

Cuadro 9.1: Correspondencia de la notación octal de los permisos.

De ahí que el número 4 se asocie con lectura, el número 2 con modificación y el número 1 con ejecución.

9.3. Cambio de permisos.

El comando chmod cambia los permisos del fichero.

chmod g+w test : da permiso de modificación al grupo, en el fichero test.
chmod g+w,o-w test : da permiso de modificación al grupo y se lo quita a otros, en el fichero test.

Aquí la g significa grupo, o significa otros y u significa user.
También se puede usar la notación octal:

```
chmod 731 test
```

Daría los permisos rwx -wx - -x al fichero test. Un 7 que sea suma sin repetir de los elementos 4, 2 y 1 necesariamente tiene que tener 4+2+1; un 3 que sea suma sin repetir de los elementos 4, 2 y 1 necesariamente es 2+1; un 1 que sea suma sin repetir de los elementos 4, 2 y 1 necesariamente es un 1. Así vemos que no hay ambigüedades posibles al utilizar la notación octal.

9.4.   Comandos relacionados.

9.4.1.   umask.

Sirve para asignar permisos por defecto en los nuevos ficheros que se vayan creando. Esta *máscara* puede ser tan restrictiva como se decida: puede hacer que los ficheros se creen por defecto rw- - - - - - -, o si quiere ser muy permisivo puede hacer que sean rw-rw-rw-.

Funciona como una máscara: el número que le damos al comando umask será restado de 777 y esos serán los permisos que se aplicarán a los nuevos ficheros creados de ahora en adelante CON LA SALVEDAD de que jamás se dará permiso de ejecución por defecto en ficheros regulares. Esto se hace para que no se pueda ejecutar un fichero inadvertidamente, y así haya que cambiar el permiso de ejecución a propósito.

Por ejemplo: umask 027
777-027=750 que sería

r w x r - x - - -
pero sin permisos de ejecución sería:

r w - r - - - - -

La máscara que tenemos se puede consultar tecleando sin argumentos:

```
umask
```

9.4.2.   gpasswd.

Sirve para gestionar contraseñas entre grupos, manejando los archivos /etc/group (donde se almacena la información concerniente a los grupos) y /etc/gshadow (donde se almacenan las contraseñas de grupo). Una contraseña de grupo es impuesta por root si utiliza este comando:

```
gpasswd quimica
```

Entonces nos pedirá la contraseña, nos pedirá confirmación, y establecerá una contraseña para este grupo. A partir de entonces, cualquier usuaria o usuario que no pertenezca al grupo quimica, podrá abrir una shell en la que simulará estar en este grupo con el comando

```
newgrp quimica
```

si teclea correctamente la contraseña. Desde ese momento a todos los efectos pertenecerá al grupo *quimica* y podrá acceder a los mismos privilegios que todos los integrantes de ese grupo.

9.5. Permisos en directorios.

Todos los permisos que se aplican en ficheros se pueden aplicar en directorios, a salvedad del de ejecución. ¿Qué es ejecutar un directorio?

r Puedo listar el contenido de un directorio.
w Puedo escribir en el directorio.
x Puedo entrar en el directorio.
r-x Puedo listar lo que contiene y entrar.
-wx Puedo crear y eliminar dentro del directorio (pero no listar).

9.5.1. Ejemplo.

Imaginemos un fichero ejecutable *file1* con permisos 777 que se encuentra en un directorio de nombre *ejemplo* en el que vamos a ir variando el permiso. Quiero saber si puedo listar su nombre, listar su contenido, ejecutarlo y borrarlo.

Según los permisos del directorio tenemos:

r - - No se puede acceder al directorio con cd pero sí se puede listarlo con ls. No se puede ejecutar por ejemplo *vi ejemplo/file1*. No se puede borrar contenido.

- w - No se puede acceder al directorio con cd ni se puede listar con ls. No se puede eliminar contenido. Pero, ¿se puede crear un fichero nuevo dentro del directorio?: Tampoco, porque no se puede modificar la fecha de creación.

- - x No se puede listar su contenido con ls, pero sí se puede acceder. Se puede ejecutar *ls file1* obteniendo el resultado correcto. No se puede borrar contenido.

r w - Se puede listar su contenido con ls pero no se puede acceder con cd. No se puede eliminar contenido.

r - x Se puede acceder con cd y listar con ls, pero no se puede eliminar contenido.

- w x Se puede acceder con cd y listar con ls si sabemos el nombre de lo que se quiere listar. También se puede borrar contenido.

Veamos ejemplos de todo esto. Para ello, suponemos que se crea un directorio llamado *dire* que contiene un fichero llamado *fichero* que tiene permisos 777. Iremos variando los permisos del directorio y realizando las tareas de acceder con cd, listar el contenido con ls, ejecutar cat, crear un fichero dentro del directorio, intentar borrar el fichero e intentar borrar recursivamente el directorio. Para automatizarlo utilizaremos el siguiente script:

```
#!/bin/ksh
set -xv
cd dire && cd .. # Accede y si lo logra, sale.
ls dire
cat dire/fichero
touch dire/alberto
rm dire/fichero
rm -r dire
```

Si el directorio *dire* tiene los permisos

```
---------
```

Al ejecutar el script obtendremos:

```
cd dire && cd ..
+ cd dire
./todo[2]: dire: permission denied
ls dire
```

```
+ ls dire
dire: Permission denied
cat dire/fichero
+ cat dire/fichero
cat: cannot open dire/fichero
touch dire/alberto
+ touch dire/alberto
touch dire/alberto:Permission denied
touch: cannot change times on dire/alberto
rm dire/fichero
+ rm dire/fichero
rm: dire/fichero: Permission denied
rm -r dire
+ rm -r dire
rm: override protection 0 for dire? y
rm: cannot read dire
```

Es decir, no puedo hacer nada.

Si el directorio *dire* tiene de permisos:

```
r--------
```

entonces la ejecución del script nos dará:

```
cd dire
+ cd dire
./todo[2]: dire: permission denied
```

(no me deja)

```
ls dire
+ ls dire
fichero
```

(sí me deja)

```
cat dire/fichero
+ cat dire/fichero
cat: cannot open dire/fichero
```

(se niega a enseñarme el contenido)

```
touch dire/alberto
+ touch dire/alberto
touch dire/alberto:Permission denied
touch: cannot change times on dire/alberto
```

(no crea nada dentro)

```
rm dire/fichero
+ rm dire/fichero
rm: dire/fichero: Permission denied
```

(no lo borra)

```
rm -r dire
+ rm -r dire
rm: override protection 400 for dire? y
rm: dire/fichero: Permission denied
rm: dire: Permission denied
```

(no lo borra)
Si el directorio *dire* tiene de permisos:

```
-w-------
```

tendremos entonces:

```
cd dire
+ cd dire
./todo[2]: dire: permission denied
```

(no puedo ejecutar cd)

```
ls dire
+ ls dire
dire: Permission denied
```

(no puedo listar el contenido)

```
cat dire/fichero
+ cat dire/fichero
cat: cannot open dire/fichero
```

(no puedo acceder al contenido del fichero)

```
touch dire/alberto
+ touch dire/alberto
touch dire/alberto:Permission denied
touch: cannot change times on dire/alberto
```

(se niega a crear nada dentro)

```
rm dire/fichero
+ rm dire/fichero
rm: dire/fichero: Permission denied
rm -r dire
+ rm -r dire
rm: dire: Permission denied
```

(no me deja borrar nada)
Si el directorio *dire* tiene de permisos

```
--x------
```

tendremos al ejecutar el script:

```
cd dire && cd ..
+ cd dire
+ cd ..
```

(sí que me deja ejecutar, acceder con cd)

```
ls dire
+ ls dire
dire: Permission denied
```

(no me muestra el contenido del directorio)

```
cat dire/fichero
+ cat dire/fichero
hola
```

(si sé que existe un fichero llamado *fichero*, entonces puedo ver su contenido)

```
touch dire/alberto
+ touch dire/alberto
touch: dire/alberto cannot create
```

(no me crea nada)

```
rm dire/fichero
+ rm dire/fichero
rm: dire/fichero: Permission denied
```

(no me deja borrar el fichero)

```
rm -r dire
+ rm -r dire
rm: override protection 100 for dire? y
rm: cannot read dire
```

(tampoco me deja borrar el directorio)
Si el directorio *dire* tiene de permisos:

```
rw-------
```

tendremos entonces:

```
cd dire && cd ..
+ cd dire
./todo[2]: dire: permission denied
```

(no puedo acceder con cd)

```
ls dire
+ ls dire
fichero
```

(me lista el contenido)

```
cat dire/fichero
+ cat dire/fichero
cat: cannot open dire/fichero
```

(no puedo examinar el fichero)

```
touch dire/alberto
+ touch dire/alberto
touch dire/alberto:Permission denied
touch: cannot change times on dire/alberto
```

(no puedo crear nada nuevo)

```
rm dire/fichero
+ rm dire/fichero
rm: dire/fichero: Permission denied
```

(no me deja borrarlo)

```
rm -r dire
+ rm -r dire
rm: dire: Permission denied
```

(no me deja borrarlo)
Teniendo que el directorio *dire* está con permisos:

```
r-x------
```

tendremos:

```
cd dire && cd ..
+ cd dire
+ cd ..
```

(me deja acceder con cd)

```
ls dire
+ ls dire
fichero
```

(puedo listar el contenido del directorio)

```
cat dire/fichero
+ cat dire/fichero
hola
```

(puedo ver el contenido del fichero)

```
touch dire/alberto
+ touch dire/alberto
touch: dire/alberto cannot create
```

(no me deja crear)

```
rm dire/fichero
+ rm dire/fichero
rm: dire/fichero: Permission denied
```

(no me deja borrar)

```
rm -r dire
+ rm -r dire
rm: override protection 500 for dire? y
rm: dire/fichero: Permission denied
rm: dire: Permission denied
```

(no me deja borrar)
Si el directorio *dire* está con permisos:

```
-wx------
```

tendremos:

```
cd dire && cd ..
+ cd dire
+ cd ..
```

(puedo acceder con cd)

```
ls dire
+ ls dire
dire: Permission denied
```

(no me lista el contenido del directorio)

```
cat dire/fichero
+ cat dire/fichero
hola
```

(me lista el contenido del fichero)

```
touch dire/alberto
+ touch dire/alberto
```

(puedo crear)

```
rm dire/fichero
+ rm dire/fichero
```

(puedo eliminar)

```
rm -r dire
+ rm -r dire
rm: dire: Permission denied
```

(no me deja eliminar el directorio)

Y si, finalmente, el directorio *dire* tiene de permisos:

```
rwx------
```

tendremos:

```
cd dire && cd ..
+ cd dire
+ cd ..
ls dire
+ ls dire
fichero
cat dire/fichero
+ cat dire/fichero
hola
touch dire/alberto
+ touch dire/alberto
rm dire/fichero
+ rm dire/fichero
rm -r dire
+ rm -r dire
```

Es decir, me deja hacer todo lo que proponía.

9.6. setuid y setgid.

Son bits con valores octales 4000 y 2000, respectivamente. Si se activan, setuid hace aparecer una *s* en el permiso de ejecución de la o del propietario, setgid igual, pero en el grupo.

Sirven para asumir la identidad de la persona propietaria del fichero o la identidad del grupo propietario durante su ejecución. O sea, que el login que lo ejecuta asume durante la ejecución la identidad del login propietario si está activado el setuid; si está activado el setgid asume la identidad del grupo.

Un ejemplo es passwd: es un ejecutable que pertenece a root. Pero como modifica por ejemplo el fichero shadow, que debería tener permisos para ser modificado solamente por root, entonces hay que permitir, mediante el setuid, que quien lo ejecuta asuma la personalidad de root mientras dura el proceso de transformación de la password.

Aparece *s* en vez de *x* si el bit de ejecución correspondiente está activo y *S* si no lo está.

9.7. sticky bit.

Tiene el valor octal 1000. El significado varía según si se aplica a fichero o a directorio:

1) No deja borrar o renombrar un fichero si no eres la persona propietaria del directorio que lo contiene, o la persona propietaria del fichero o root. Es decir, tener permiso de ejecución en el directorio no es suficiente. Se aplica a directorios y aparece una t en la ejecución de *otros*. Aparece *T* si el bit de ejecución correspondiente no está activado. Imaginemos el directorio prueba:

```
drwx-wx-wx   2 alberto  system  8192 Mar 12 12:59 prueba
```

Contiene un fichero de alberto:

```
-rw-r--r--   1 alberto  system     5 Mar 12 12:58 hola
```

El login *luna* puede entrar en prueba, teclear rm hola y borrarlo. Ahora probamos con el sticky bit:

```
drwx-wx-wt    2 alberto   system   8192 Mar 12 12:59 prueba
```

El login *luna* ejecuta:

```
rm hola
rm: override protection 644 for hola? y
rm: hola: Not owner
```

Y no lo borra.

2) Si el sticky bit está activado en un fichero, indica que este archivo es un programa con capacidad para que varios procesos compartan su código, y por lo tanto este código se debe mantener en memoria el máximo tiempo posible, incluso cuando alguno de los procesos que lo utiliza deje de utilizarlo.

Capítulo 10

Editor vi.

El editor vi[45] es el editor de texto plano en Linux por excelencia. En todos los *sabores* de UNIX y Linux ha estado siempre presente dicho editor, y a pesar de lo difícil e intrincado de su manejo, es importante conocerlo puesto que es un editor que funciona casi siempre cuando todos los demás fallan. En efecto, en ocasiones es mucho más agradable utilizar editores gráficos para nuestros archivos de texto plano (cuidando siempre de salvarlo como texto ASCII). Sin embargo si debemos reiniciar nuestro sistema en modo monousuario o sin ventanas, si nos hemos acostumbrado a los editores fáciles no podremos resolver la mayor parte de los problemas. La ventaja de vi es que funciona en condiciones realmente extremas: monousuario, desde discos de recuperación, etc.

La versión que ahora se encuentra en casi todos los Linux se denomina vim (por vi mejorado o *vi improved*). Incluye más funcionalidades como coloreados, tildes ortográficas, etc. En cualquier caso funciona igual que los vi tradicionales y para las funciones básicas de edición es idéntico.

El editor vi se suele encontrar en /usr/bin/vim, de tal manera que vi suele ser un alias a dicho fichero. Por simplicidad le llamaremos vi. Hay 3 formas de invocarlo:

```
vi fichero
```

abre el fichero *fichero.*

```
vi +n fichero
```

abre el fichero *fichero* en la línea *n*.

```
vi +/pattern fichero
```

abre el fichero *fichero* y busca *pattern*

Existen dos modos de trabajar en vi:

1) Modo comando. Permite hacer casi todo, excepto escribir. Para eso está el otro modo, el inserción. Básicamente se puede:

-Pasar a modo de inserción.

-Teclear comandos.

-Mover el cursor.

-Salvar el fichero.

-Salir del editor.

2) Modo inserción. Permite insertar texto.

Para pasar de modo inserción a modo comando, tendremos que pulsar la tecla escape.

Para pasar del modo comando a modo inserción, tendremos que pulsar cualquiera de las siguientes opciones, dependiendo de lo que queramos:

```
a
```

Inserta texto después del cursor.

```
A
```

Inserta texto al final de la línea.

```
i
```

Inserta texto delante del cursor.

```
I
```

Inserta texto al principio de la línea.

```
o
```

Abre una nueva línea debajo.

O

Abre una nueva línea encima.

R

Comienza a sobreescribir.

r

Sobreescribe un carácter.

s

Sustituye un carácter.

S

Sustituye una línea.

10.1. Comandos vi.

```
dd - Borra una línea.
D - Borra desde el cursor hasta el final de la línea.
30G - Va hasta la línea 30.
:$ - Va al final del fichero.
dG - Borra desde el cursor hasta el fin del fichero.
d1G - Borra desde la línea 1 hasta el cursor.
/ - Busca un patrón hacia delante (repetir con n).
? - Busca un patrón hacia atrás (repetir con n).
h,j,k,l - Teclas del cursor.
w - Avanza el cursor hasta la siguiente palabra.
CTRL-f - Scroll hacia delante 1 pantalla.
CTRL-b - Scroll hacia atrás 1 pantalla.
CTRL-d - Scroll hacia abajo ½ pantalla.
CTRL-u - Scroll hacia arriba ½ pantalla.
CTRL-g - Muestra el número de línea en la que está el cur-
         sor.
G - Va hasta el final del fichero.
1G - Va hasta el principio del fichero.
yy - Copia 1 línea en el buffer.
```

y3y - Copia 3 líneas en el buffer.

p - Inserta el buffer después del cursor.

P - Inserta el buffer antes del cursor.

"Xyy - Inserta una línea en el buffer llamado X.

"Xp - Inserta el buffer llamado X (se pueden definir varios buffers).

:wq - write and quit. Guarda el fichero y sale del editor vi.

:w - Escribe sin salir.

:q - Sale sin escribir (sólo si no hemos modificado nada).

:q! - Sale sin escribir incluso si hemos modificado algo.

:w file - Escribe en el fichero file.

:w! - Escribe saltándose la protección si puede.

:n - Pasamos al fichero siguiente (en vi se pueden editar varios simultáneamente).

:rew - Rebobinamos el conjunto de ficheros múltiples y pasamos a ver el primero.

:! - Abre una shell permitiéndonos ejecutar un comando de Linux.

u - undo. Deshace exactamente el último cambio ejecutado.

:s1,3/hola/adios - Sustituye en las líneas 1, 2, 3 el patrón hola por el patrón adios.

:s1,3/hola/adios/g - Idem que el anterior pero TODAS las veces que aparezca hola (el caso anterior, solamente sustituye la primera vez que aparece).

El editor vi tiene una serie de opciones accesibles que se invocan con

:set opcion

Para informarnos sobre el estado de variables que podemos modificar, siempre podemos teclear

:set all

Interesantes son:

ai (autoindent): Al pulsar intro el cursor no vuelve a la
                  columna 0, sino que se alinea con el comienzo
                  de la otra línea.

sm (showmatch): Al cerrar una llave, paréntesis o corchete
                nos indica si hemos cerrado las mismas que
                hemos abierto.

nu (number): Numeración de lineas.

Esto se puede habilitar permanente si se edita un fichero llamado .vimrc existente en nuestro home, donde por ejemplo podemos escribir:

set autoindent

set nu

y así no tendremos que teclear cada una de las órdenes al ejecutar vi, sino que se invocarán automáticamente.

En este fichero también se pueden añadir curiosidades como

:ab email alberto@uam

de tal forma que cada vez que teclee en vi la palabra *email* lo sustituirá por *alberto@uam*.

Capítulo 11

Administración.

11.1. Aplicaciones gráficas.

La mayoría de las tareas de administración cotidianas se pueden realizar hoy en día mediante aplicaciones gráficas, haciéndolas por tanto más fáciles.

Los programas gráficos que tenemos que llamar para realizar trabajos de gestión son los mismos estemos utilizando el gestor de ventanas KDE o el gestor de ventanas Gnome.

Gnome y KDE, así como prácticamente cualquiera de los escritorios existentes para GNU/Linux, tienen las herramientas gráficas de administración accesibles a través de los distintos menús que ofrecen, de tal forma que a partir de ahora, cuando digamos *elegimos tal aplicación*, lo que queremos decir es que pinchamos en el submenú correspondiente, desde el que podremos utilizar las diferentes herramientas de administración, y elegimos la aplicación.

Muchas de las aplicaciones permiten que tengamos cierta información sin ser root, pero si queremos realizar alguna modificación tendremos que identificarnos como root para poderlas llevar a cabo.

11.1.1. Instalación de una impresora.

Elegimos *configuración / impresoras*.

En la aplicación que nos ha salido pinchamos en *Añadir impresora*, y seguimos las instrucciones que nos van dando por pantalla. Normalmente nos mostrará un listado de las impresoras que ha de-

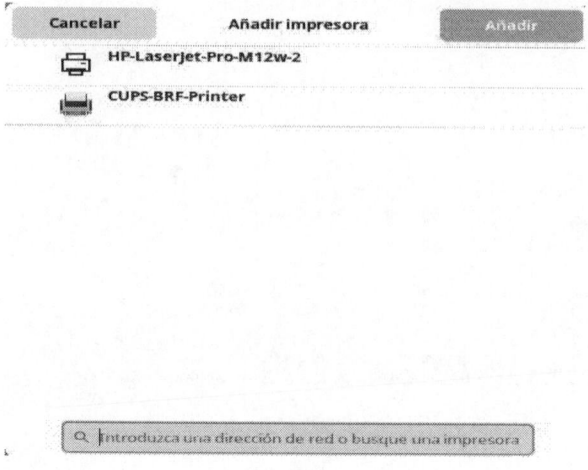

Figura 11.1: Instalación de una impresora en el sistema.

tectado y que podemos instalar, por lo que simplemente tendremos que seleccionar la queremos instalar y aceptar su instalación (11.1).

Instalar una impresora USB es tan sencillo, en la mayoría de las ocasiones, como conectarla al ordenador y encenderla. En este momento el menú de instalación de impresoras se abrirá, ofreciéndonos las especificaciones que cree correctas para su instalación. Una vez aceptadas estas opciones (o las que estimemos oportunas), la impresora quedará instalada en nuestro equipo.

11.1.2.   Creación de una cuenta.

Pinchamos en *Configuración* y a acontinuación en *Usuarios*.

Pulsamos entonces en el botón *Añadir usuario* tal como se muestra en la imagen 11.2 y a continuación se rellenan los datos que se nos pide en la ventana que se abre 11.3.

Una vez tengamos todos los datos que se nos piden, simplemente aceptaremos pulsando en el botón correspondiente y ya tendremos esta nueva cuenta en nuestro equipo.

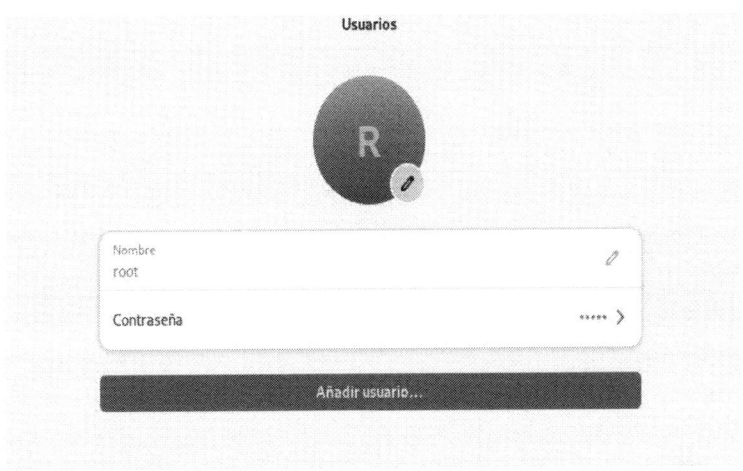

Figura 11.2: Creación de una cuenta.

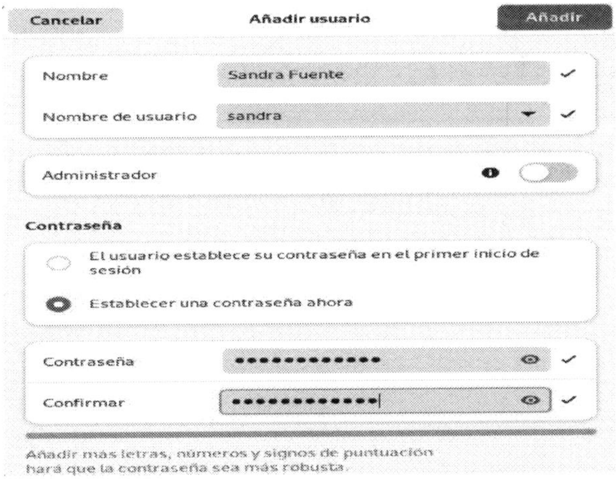

Figura 11.3: Datos introducidos en la creación de una cuenta.

11.1.3. Configuración de red.

Para configurar la red de nuestro equipo accederemos al entorno *Configuración* como en las ocasiones anteriores, y seleccionaremos *Red*.

En la ventana que se nos abre, pulsaremos en el icono + en el apartado *Cableado* para añadir una nueva conexión (11.4), pudiendo entonces rellenar los datos de la conexión que queremos configurar.

En el apartado *Identidad* escribiremos un nombre para identificar esta conexión (11.5), pues sobre todo en el caso de los portátiles es habitual tener más de un perfil, para poder conectarnos por cable en diferentes ubicaciones con las características necesarias en cada caso.

Pasaremos entonces al apartado *IPv4*, donde reflejaremos los datos de nuestra red, que previamente nos habrán dado las personas responsables de la misma (11.6). Si estamos configurando la red cableada de nuestra casa y no sabemos estos parámetros, lo más habitual es que funcione la opción *Automático(DHCP)* que obtiene esta configuración directamente del router.

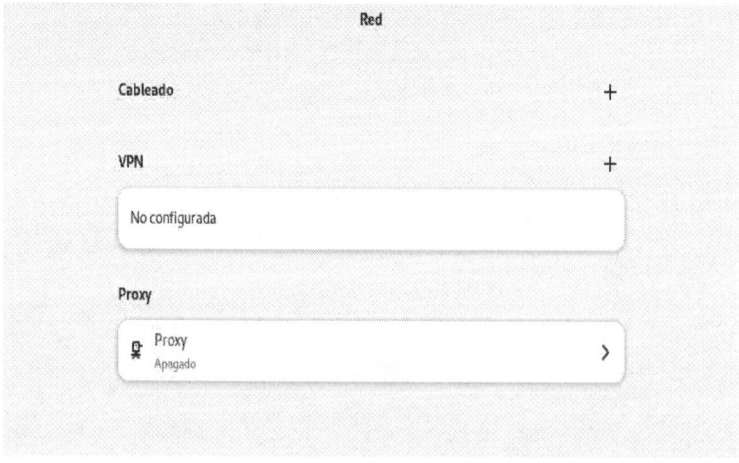

Figura 11.4: Configuración de la red. Menú inicial.

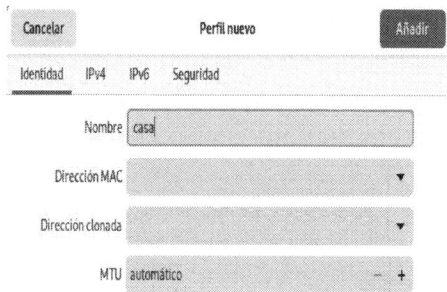

Figura 11.5: Configuración de la red. Identidad.

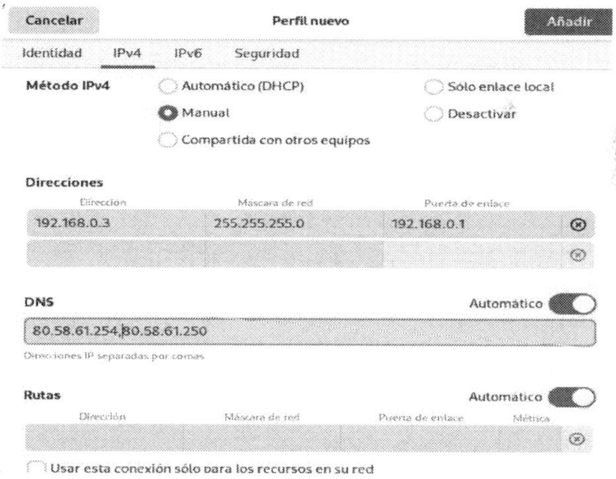

Figura 11.6: Configuración de la red. Datos de la red.

11.2.   Ficheros de configuración.

Aunque algunas tareas que vamos a explicar a continuación se pueden hacer desde un menú gráfico, es preferible hacerlo sin e-llos ya que en definitiva estamos editando un fichero simplemente, es decir, la aplicación gráfica que podríamos utilizar no ejecuta un complicado juego de comandos, o una edición complicada de algún fichero, como podía pasar con las configuraciones explicadas en la sección anterior, sino que se limita a editar, con los datos que escribamos, el fichero de configuración, y esto lo podemos hacer con nuestro editor de textos favorito sin mayor complicación.

11.2.1.   /etc/hosts

Cuando desde un ordenador queremos comunicarnos con otro, normalmente nos acordamos del nombre del ordenador al que quere-mos llamar, no de su número IP, pero los ordenadores sólo entienden de números, por lo tanto esta conversión tiene que realizarse, es decir, el ordenador tiene que saber el número IP.

Para que se pueda realizar esta función existen los servidores de nombres, que son ordenadores que sirven bases de datos con la relación número IP-nombre. No obstante es muy posible que rea-licemos conexiones muy frecuentemente con un número de orde-nadores fijo, es decir, que gran parte de las comunicaciones que se realizan desde nuestro ordenador sean con un número concreto de ordenadores.

Para agilizar las tareas de resolución de IP, es decir, de saber el número de IP que le corresponde a un nombre IP, podemos es-cribir en este fichero las correspondencias de los ordenadores que queramos, de tal forma que pondremos en una primera columna el número IP, en una segunda columna el nombre y en una tercera columna podemos poner, si queremos, un nombre corto para que cuando queramos realizar una conexión no tengamos que escribir todo el nombre, sino que con este alias, o nombre corto, podamos realizarla sin problema.

Este fichero puede ser tan grande como queramos, pero cuanto más grande sea, más complicaciones tendrá nuestro ordenador para poderlo gestionar, por ello hay que llegar a un equilibrio donde tengamos en él los ordenadores que utilizamos con más frecuencia.

El uso de este fichero está muy indicado, no sólo porque así ahorramos tiempo, aunque muchas veces es mínimo, sino porque si el servidor de nombres, que en definitiva es un ordenador, tiene problemas (por ejemplo ha sufrido un corte de suministro eléctrico), podremos comunicarnos con estos ordenadores que tenemos en el fichero /etc/hosts sin tener que acordarnos de memoria de los números IP.

11.2.2. /etc/fstab

Es posible que la idea de tener que montar los dispositivos sea la más complicada de entender, sobre todo si hemos utilizado previamente algún otro sistema operativo, como Windows, en el que esto no hay que hacerlo, pero hay que tener en cuenta que mediante el montado de los dispositivos se optimiza mejor el uso de los mismos.

Cuando yo monto un pendrive y realizo operaciones con él, Linux las va guardando en memoria y cuando encuentra momentos de baja carga en el sistema las va realizando, es decir, si quiero copiar unos archivos al pendrive no tiene por qué copiarlos en el momento que se lo digo, aunque aparezcan en el pendrive si ejecuto ls, sino que los irá copiando cuando pueda, aprovechando por tanto los recursos al máximo. En el momento que ejecutemos el comando umount para desmontar el dispositivo, si las operaciones que había que hacer en este dispositivo no se han completado todavía, el sistema operativo se centra en hacerlas para terminarlas cuanto antes.

En Windows por ejemplo, cuando copiamos a un pendrive, el sistema operativo se dedica en ese momento a hacerlo, y es posible que justo en ese momento haya muchos otros procesos realizándose en la máquina, mientras que al minuto siguiente es probable que la máquina no esté haciendo nada, de tal forma que se ha recargado cuando no debía y está sin hacer nada al momento siguiente.

A la hora de montar dispositivos hay que proporcionar al comando mount bastantes opciones, pues hay que decir qué dispositivo hay que montar, en qué directorio lo quiero montar y qué tipo de sistema de archivos contiene el dispositivo, así como opciones adicionales en cuanto a si se puede escribir en él, etc.. Si yo toda esta información la escribo en un fichero, el fichero /etc/fstab, me puedo ahorrar el tener que teclear un comando muy largo y con grandes posibilidades de que me equivoque, por ello el uso de este fichero está altamente extendido.

Cuando instalo Linux este fichero tiene las entradas que voy a utilizar normalmente, al menos las que Linux entiende que va a utilizar normalmente, y por lo tanto poco hay que hacer de nuevo, aunque es posible que queramos hacer alguna modificación. Un ejemplo de fichero podría ser:

```
/dev/sda1      /            ext4    defaults           1 1
none           /dev/pts     devpts  gid=5,mode=620      0 0
none           /proc        proc    defaults            0 0
none           /dev/shm     tmpfs   defaults            0 0
/dev/sda2      /scratch     ext4    defaults           1 2
/dev/sda3      swap         swap    defaults            0 0
```

A simple vista nos puede resultar duro entenderlo, pero es fácil la interpretación:

Cada línea corresponde a un dispositivo a montar, y dentro de cada línea en la primera columna tenemos el dispositivo que vamos a montar, por ejemplo /dev/sda3 que es la tercera partición del disco a de nuestro sistema. Podemos observar que algunos dispositivos se llaman *none* y esto es debido a que son dispositivos especiales del sistema, y por lo tanto es conveniente no modificar estas líneas. Por ejemplo, el sistema de archivos proc se utiliza para guardar los procesos que se están ejecutando en el sistema, por lo tanto es memoria volátil (se pierde con el reiniciado) y su modificación puede entrañar problemas de estabilidad al sistema.

En la segunda columna está escrito el directorio donde se van a montar estos dispositivos, salvo el sistema de archivos swap (parte del disco duro que se utiliza para *emular* memoria RAM), que no se monta en ningún directorio, por eso *swap* no viene precedido por el símbolo /.

En la tercera columna se hace mención al sistema de archivos del dispositivo en cuestión, donde podemos observar por ejemplo ext4.

La cuarta columna tiene las opciones que hay que utilizar en el montaje. Todas las posibilidades que podemos utilizar las podemos ver en la página man de mount, no obstante decir que por ejemplo *noauto* significa que no se monte de forma automática cuando se ejecuta el comando mount -a, *owner* significa que quien monta este sistema de archivos será el propietario o propietaria del mismo y *ro* significa que el sistema de archivos se montará como *sólo lectura*.

La quinta columna es utilizada por el comando dump, que se utiliza para realizar copias de seguridad. Si estimamos que dump puede realizar de forma automática backup de este sistema de archivos pondremos el número 1.

La sexta columna es utilizada por el comando fsck, que sirve para comprobar un sistema de archivos. Si tenemos un cero en este campo no se comprobará el sistema de archivos, por ejemplo para el CDROM o sistemas de archivos importados. El sistema de archivos / debe tener el número 1, para que se compruebe el primero, y el resto de sistemas de archivos el número 2, para que se comprueben después de /.

11.2.3. /etc/shells

En este fichero se escriben las shells que autorizamos en nuestro sistema.

Shells hay muchas (ksh, sh, bash, csh, tcsh...), y es posible que no nos interese que en nuestro sistema haya logins que utilicen alguna de ellas, por la dificultad de uso, por los problemas de seguridad que puede tener, por unificar criterios, etc. por tanto todas las que autoricemos las deberemos escribir en este fichero, y las que no autoricemos no deben estar en él.

Es importante conocer la existencia de este fichero porque es posible que en algún momento queramos instalar en nuestro sistema una nueva shell. Una vez que la instalemos tenemos que modificar este fichero para poder utilizarla, pues si no está incluida en él recibiremos un mensaje de error, y es posible que perdamos mucho tiempo intentando descubrir un error en la instalación que no es tal.

Por motivos de seguridad este fichero debe tener permisos de escritura sólo para root, es decir, sólo root debe poder escribir en él.

11.2.4.   /etc/passwd y /etc/shadow

El fichero /etc/passwd[46] contenía las contraseñas cifradas, si bien un cambio de mentalidad, con el fin de aumentar la seguridad del sistema, creó la idea de contraseñas *shadow* y por tanto la creación del fichero /etc/shadow. El fichero /etc/passwd además de las contraseñas cifradas (si no están en el fichero /etc/shadow), contiene la información del login, es decir, su nombre, su número identificador, el número del grupo al que pertenece, el nombre propio del mismo, una descripción (lugar de trabajo...), el directorio home del mismo y la shell que va a utilizar, y por lo tanto tiene que tener permisos de lectura por todos los y las usuarias (de escritura sólo para root, por supuesto).

Nadie puede descifrar una contraseña en principio, pero lo que sí que se puede hacer es cifrar palabras y el resultado compararlo con lo que está escrito en el fichero de contraseñas, teniendo la certeza absoluta de haber conseguido la contraseña si no hay ninguna diferencia en esta comparación, de ahí que sea peligroso que las y los usuarios puedan leer las contraseñas de este fichero.

Es por esto que se crearon las contraseñas tipo *shadow*, de tal forma que en el fichero /etc/passwd no se dejan las contraseñas cifradas, sino que se dejan en el fichero /etc/shadow. Este último fichero sólo debe ser accedido por root, y por lo tanto nadie podrá crackear las contraseñas al no poder leer su contenido para comparar las contraseñas cifradas, mientras que las y los usuarios pueden seguir entrando al sistema ya que pueden leer el fichero /etc/passwd que es el que tiene sus perfiles. La utilización de -shadow es opcional, pudiéndola habilitar y deshabilitar en la instalación de Linux o en cualquier momento; no obstante es conveniente tenerla habilitada siempre por motivos de seguridad, sobre todo si el número de usuarios y usuarias es grande y no hay confianza absoluta.

Capítulo 12

Instalación de programas.

La instalación de programas es complicada de sintetizar en unos folios, pues depende mucho del programa que queramos instalar, y lo más importante es leernos las instrucciones particulares de cada uno de ellos, y seguirlas.

Cuando se utiliza Linux hay que leer quizás más de lo que apetece, pues muchas de las tareas que queremos realizar necesitan de una lectura previa. No obstante quizás es preferible saber lo que se está haciendo en cada momento y que se nos garantice así la estabilidad de lo que estamos instalando, que hacer uso de programas que se instalen a *golpe de ratón*, que no sepamos lo que hacen y, sobre todo, su estabilidad sea muy cuestionable. Como veremos, la mayoría de los programas que se suelen instalar, se instalan de una forma más sencilla que en cualquier otro sistema operativo.

Las instalaciones de programas las podríamos dividir en cuatro (aunque tendríamos muchas excepciones): Las que hacen uso de un script de instalación, las que utilizan el comando make para compilar el código fuente siguiendo unas determinadas reglas, las que utilizan el comando rpm (o análogos en diferentes distribuciones) para instalar y las que se parecen a las aplicaciones de instalación de Windows, es decir, ir pinchando con el ratón en el icono *siguiente*.

12.1.   Instalación con un script de instalación.

Estas instalaciones no tienen mayor complejidad, sino simplemente deberemos ejecutar el script que se nos indique en la documentación pertinente, y el script irá realizando todas las acciones necesarias para llevar a cabo la instalación.

12.2.   Instalación con rpm/dpkg.

Red Hat, viendo que muchas veces la instalación de programas era un auténtico suplicio, desarrolló el gestor de paquetes de Red Hat[47], de tal forma que alguien se ocupa de compilar el programa en cuestión y todos los ficheros obtenidos en esta compilación los empaqueta siguiendo unas ciertas reglas dejando un fichero único con extensión rpm, de tal forma que la instalación de este fichero es tan sencilla como:

```
rpm -Uhv fichero.rpm
```

ya que rpm se encargará de guardar en los directorios oportunos todos los ejecutables y ficheros contenidos en este *paquete.*

La opción -v la utilizamos para que nos de mayor información el comando rpm, la opción -h la utilizamos para que nos imprima el carácter # conforme va copiando ficheros (actuando de barra de estado de la instalación) y la opción -U sirve para actualizar el programa, y es que quizás lo normal sería utilizar la opción -i en vez de -U ya que -i significa instalar, pero mucha gente utiliza -U ya que si el programa estaba instalado previamente en el ordenador, con esta opción se actualizan los archivos que sean necesarios, instala archivos nuevos si son necesarios y elimina los que ya no sirven. Si el programa no estaba instalado actúa de igual forma a como lo haría con la opción -i.

Es posible que la instalación de un paquete dependa de la instalación de otros, es decir, cuando intentemos instalar un paquete es posible que nos diga que ha encontrado dependencias, que las enumere y que diga que no se puede instalar. Esto lo que viene a decir es que hay que instalar todos y cada uno de los paquetes que dice que necesita, antes de instalar el que nos interesa.

Los programas que vienen empaquetados de esta manera, por tanto, son muy fáciles de instalar, no obstante hay que tener en cuenta que son programas compilados, es decir, dependen de la máquina en la que haya sido compilada, por esto cuando busquemos un programa que necesitemos debemos tener muy claro que tenemos que bajarnos ficheros que valgan para nuestro ordenador, es decir, ficheros que tengan en el nombre *i386* si utilizamos un ordenador *pc-compatible* de 32 bits, o x86_64 si es nuestro caso, y luego tendremos que buscar aquellos que se adapten a la versión de Linux que tengamos, es decir, no es lo mismo un programa empaquetado para RedHat Enterprise Linux 9, que para Fedora Core 39, que para Debian 12.4.

Hay distribuciones que no utilizan rpm a la hora de gestionar la instalación de programas en el sistema, por ejemplo Debian y equivalentes.

Estas distribuciones utilizan paquetes deb, que funcionalmente son equivalentes a los paquetes rpm, es decir, se componen de los diferentes archivos que, una vez copiados a nuestro sistema, permiten ejecutar el programa que necesitábamos.

La forma de trabajar con estos ficheros es equivalente a trabajar con paquetes rpm, si bien en vez de utilizar el comando rpm para instalarlos, debemos utilizar dpkg. Por ejemplo, si queremos instalar en nuestro sistema el paquete *programa.deb*, deberemos ejecutar:

```
dpkg -i programa.deb
```

Algo que es también muy interesante es saber qué tenemos instalado en nuestro sistema. Para ello, tanto rpm como dpkg, admiten diferentes opciones que nos permiten tener una idea completa de todo el software instalado mediante estas aplicaciones.

Si utilizamos paquetes rpm, para poder saber qué aplicaciones tenemos instaladas en nuestro sistema, basta con teclear:

```
rpm -qa
```

y obtendremos una lista completa, con los nombres exactos de los programas instalados.

Si queremos saber exactamente qué archivos se han instalado con uno de estos programas que acabamos de obtener en el listado, ejecutaremos:

```
rpm -ql nombre-completo-del-paquete
```

En el caso en el que utilicemos paquetes deb, la idea es equivalente. Si queremos obtener la lista completa de los paquetes instalados en nuestro equipo, ejecutaremos:

```
dpkg -l
```

y si queremos saber exactamente los ficheros que se han instalado con un paquete determinado, ejecutaremos:

```
dpkg -L nombre-completo-del-paquete
```

12.3.   Instalación con make.

Como introducíamos en 8.9.16 hay algunos programas que acompañan un fichero llamado *Makefile* en el que están escritas reglas para la compilación del mismo, pues esta suele ser muy complicada hacerla *a mano*, tecleando uno a uno todos los comandos necesarios. La instalación de estos programas es variable, y suele venir explicada en un fichero llamado install o readme, no obstante siempre será tecleando el comando make y alguna regla definida en el fichero Makefile[44].

Estas reglas que se definen en el fichero Makefile sirven para que make *sepa* qué tiene que hacer en cada caso, pues normalmente se dan diferentes alternativas a la hora de compilación, por ejemplo poder compilar partes separadas del código.

La instalación mediante make suele hacerse para programas científicos, aplicaciones de administración, etc. y es poco probable que lo tengamos que utilizar para las aplicaciones habituales que utilicemos con nuestro sistema GNU/Linux.

12.4. Instalación mediante soporte gráfico.

Con el tiempo cada vez se intenta con mayor interés que Linux sea más fácil de utilizar, y que los programas sean muy fácilmente instalables, y un ejemplo de esto lo podemos ver con la instalación de Matlab, que con ejecutar un archivo comienza una instalación gráfica en la que *sólo* hay que hacer uso del ratón para pinchar en los botones *Siguiente*.

12.5. Administradores de paquetes.

Si bien la instalación de programas mediante las herramientas rpm o dpkg es realmente sencilla, no debemos olvidarnos que los archivos a ser intalados deben buscarse, tarea esta que puede resultar complicada. ¿Dónde debemos buscar? Cierto es que hay sitios especializados en el alojamiento de aplicaciones rpm o deb que permiten su búsqueda de forma sencilla y rápida, pero en muchas ocasiones es un proceso laborioso.

En este sentido existen dos aplicaciones que facilitan estos procesos. Para instalar aplicaciones mediante archivos rpm tenemos *dnf*, y para instalar aplicaciones mediante archivos deb tenemos *apt*. dnf es la evolución de yum, disponible en la gran mayoría de distribuciones que trabajan con rpm.

Ambas herramientas nos permiten, desde la línea de comandos, realizar una búsqueda de un programa en concreto utilizando palabras clave. Es como si realizásemos una búsqueda mediante un navegador web, utilizando Google, usando palabras clave que describan lo que queramos.

Estas herramientas nos van a ofrecer una lista completa de todas las aplicaciones que responden a nuestro criterio de búsqueda, y podremos elegir qué aplicación es realmente la que queremos instalar en nuestro sistema, e instalarla en un segundo paso.

Además esta instalación se realizará de forma totalmente desatendida, es decir, dnf o apt se encargarán de conectarse a los servidores correspondientes con el fin de bajarse los archivos necesarios y finalmente instalarlos en nuestro equipo, sin que tengamos que hacer nada (salvo aceptar el proceso).

Para realizar la búsqueda de software, ejecutaremos:

```
dnf search palabra-clave
```

en el caso de utilizar una distribución que admita instalación de software con paquetes rpm, o

```
apt-cache search palabra-clave
```

en el caso en el que nuestra distribución utilice paquetes deb.

En cualquier caso obtendremos un listado con las aplicaciones que se ajusten al parámetro de búsqueda y, una vez elegido el programa en concreto que queremos instalar, ejecutaremos:

```
dnf install nombre-programa
```

o

```
apt-get install nombre-programa
```

en el caso de utilizar programas rpm o deb respectivamente.

12.5.1.   Entorno gráfico.

Independientemente de que utilicemos una distribución basada en paquetes rpm o deb, podremos realizar este tipo de tareas mediante el uso de aplicaciones gráficas. Estas lo único que hacen es ejecutar los comandos anteriores, mostrándonos iconos intuitivos para realizar estas operaciones. No debemos preocuparnos entonces de recordar qué comandos debemos utilizar, sino simplemente acceder a estas aplicaciones a través del entorno gráfico, como por ejemplo *Discover* de Fedora (12.1).

En la aplicación así obtenida podremos realizar una búsqueda del programa que deseemos instalar, de tal forma que una vez encontrado simplemente tendremos que resaltarlo, aplicar para instalar y aceptar el proceso, pudiendo incluso ejecutar directamente este programa instalado justo tras su instalación.

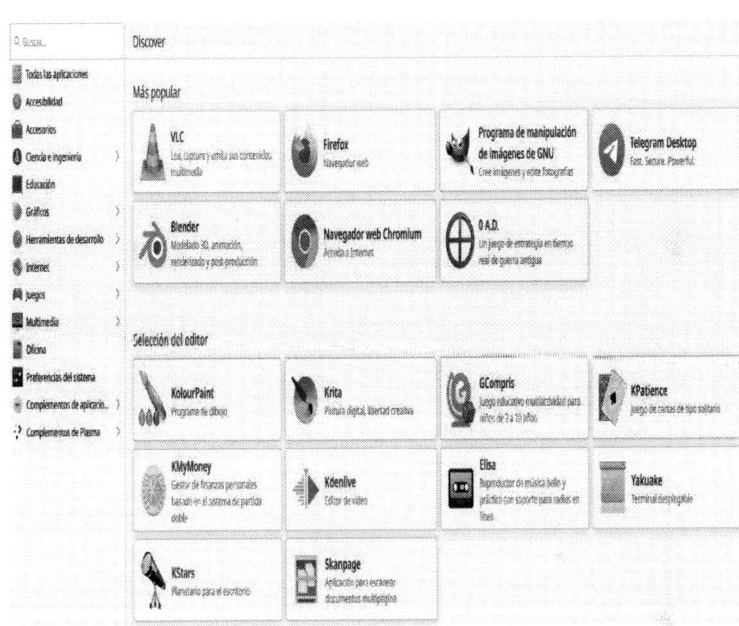

Figura 12.1: Mediante una aplicación gráfica, como Discover de Fedora, fácilmente podremos añadir o quitar software de nuestro sistema.

Capítulo 13

Nociones de seguridad.

La forma más segura de evitar que nos hagan daño al eliminar los datos que están en nuestro ordenador es realizar frecuentemente copias de seguridad, pues el reinstalar un sistema operativo es cuestión de tiempo, pero la recuperación del trabajo de los últimos meses puede ser imposible.

La tarea de asegurar un ordenador, cuando este está conectado a red, es complicada y demanda mucho tiempo, que muchas veces no tenemos sobre todo si nuestro trabajo no es la informática, y es que errores en los sistemas operativos, tanto en Linux como en Windows como en cualquier otro sistema operativo UNIX se detectan a diario, pues es muy complicado programar miles de líneas de código sin cometer ni un sólo fallo y teniendo en cuenta todas las posibilidades.

El problema fundamental al que hay que enfrentarse es que la información hoy en día se transmite de una forma muy rápida, por lo que cualquier persona que quiera *iniciarse* en intrusión puede tener acceso a través de la Internet, y algo de paciencia, a cantidad de información acerca de posibles vías de entrada a un ordenador gracias a defectos en la programación. Este tipo de personajes son los realmente peligrosos, pues la forma de *demostrar* que han sabido llegar hasta ese punto es destrozar el sistema atacado, además muchas veces es necesario para así eliminar los rastros que han dejado en el sistema. Luego existen otro tipo de personas, hackers (expertos o expertas informáticas), que lo que hacen es entrar en un sistema por el placer del desafío. Luchar contra el conocimiento de estas personas es tarea complicada, y seguro que requiere mucho más tiempo del que se dispone, pero hay que tener en cuenta que estas personas suelen tener su punto de mira en sistemas que ofrezcan un cierto reto, como suelen ser grandes servidores, y normalmente no un ordenador personal de una persona anónima.

Frente al primer tipo de personajes se puede uno proteger bastante bien siguiendo ciertas medidas mínimas de seguridad, para ello hay que tener en cuenta que el ordenador lo podemos ver como una gran discoteca, donde tenemos muchas entradas. Las entradas a un ordenador se llaman puertos, y decimos que un puerto está abierto si se permite una conexión a través de él, al igual que una puerta de una discoteca está abierta si alguien puede pasar a través de su umbral.

La mejor forma de controlar el ordenador y de reducir los ataques es eliminar al máximo el número de puertos accesibles, y al igual que se pueden tapiar las puertas de una discoteca podemos *capar* (como se dice en el argot) los puertos de nuestro ordenador. Sin embargo casi siempre es necesario dejar alguno abierto (una discoteca no puede tener todas las entradas tapiadas), y entonces lo que intentaremos hacer es contratar *personal de seguridad* que pida los carnet de identidad a quien quiera acceder, y esto, desde el punto de vista informático, lo obtenemos con aplicaciones que miran el origen de la comunicación que se quiere establecer para decidir si se lleva a cabo o no.

Una de las mejores opciones es dejar habilitado el cortafuegos que casi todas las distribuciones de GNU/Linux nos facilitan en la instalación.

13.1.   logs

Todos los eventos importantes que ocurren en nuestro ordenador quedan registrados en los logs, que son archivos que podemos encontrar en el directorio /var/log y que deberíamos revisar con cierta frecuencia en busca de anotaciones extrañas, que nos hagan pensar que alguien ha intentado algo contra nuestra máquina.

Los ficheros más importantes son:

secure, messages y maillog, que van rotando de forma continua, de tal forma que podemos encontrar secure.1, secure.2 ... que son archivos antiguos.

13.2. Actualizaciones.

Siempre debemos tener en cuenta que cualquier programa puede tener fallos, que pueden afectar a su funcionamiento o en último caso hasta a la estabilidad del propio sistema operativo en el que se ejecuta.

En este sentido siempre, independientemente del sistema operativo que estemos utilizando, e independientemente de los programas que hayamos instalado, debemos ser conscientes de que la actualización deber ser una de nuestras prioridades, de cara a tener un sistema lo más estable y seguro posible.

En este sentido las distintas distribuciones GNU/Linux permiten diferentes formas de instalar las actualizaciones disponibles y por lo tanto tener el sistema *al día*.

Como ya hemos hablado anteriormente, hay distribuciones que permiten la instalación de programas gracias a paquetes tipo dnf, mientras que otras permiten esta instalación mediante paquetes deb.

Para actualizar el sistema nos podemos apoyar en dos herramientas, dos comandos, que ya hemos visto con anterioridad: dnf y apt, dependiendo de si utilizamos una distribución en la que los programas se instalan desde paquetes dnf o desde paquetes deb respectivamente.

Si queremos actualizar el sistema, lo único que tendremos que ejecutar entonces es:

```
dnf update -y
```

para el caso de dnf, o

```
apt-get update -y
```

seguido de

```
apt-get upgrade -y
```

para el caso de apt.

Como podemos observar en ambos casos hemos utilizado la opción -y, que impedirá que cualquiera de los dos programas pida nuestra autorización a la hora de bajar o instalar los programas que deben ser actualizados, de tal forma que no tendremos que estar atentos de todo el proceso, y por lo tanto mientras se realiza la actualización podremos dedicarnos a otras actividades.

Por supuesto cualquiera de estas dos opciones deberíamos programarla, a ser posible para que todos los días se actualizara el equipo, como por ejemplo ayudados con el crontab.

Si no queremos utilizar la línea de comandos para realizar la actualización del sistema, podemos utilizar aplicaciones gráficas que realizan el mismo proceso. Hay muchas aplicaciones que realizan esta actividad, y que pueden programarse para que actualicen el sistema cada cierto tiempo.

Bibliografía

[1] https://es.wikipedia.org/wiki/Linus_Torvalds

[2] https://www.gnu.org/copyleft/gpl.html

[3] https://www.gnu.org

[4] https://es.wikipedia.org/wiki/Richard_Stallman

[5] https://www.redhat.com

[6] https://fedoraproject.org

[7] https://rockylinux.org

[8] https://www.debian.org

[9] https://ubuntu.com

[10] https://kubuntu.org

[11] https://www.opensuse.org

[12] https://www.suse.com/products/server

[13] http://www.knoppix.org

[14] https://computer.howstuffworks.com/bios1.htm

[15] https://uefi.org

[16] https://en.wikipedia.org/wiki/Front-side_bus

[17] https://es.wikipedia.org/wiki/HyperTransport

[18] https://www.intel.com/content/www/us/en/io/quickpath-technology/quick-path-interconnect-introduction-paper.html

[19] https://www.parallels.com

[20] https://www.vmware.com

[21] https://www.virtualbox.org

[22] https://learn.microsoft.com/es-ES/troubleshoot/windows-client/backup-and-storage/fat-hpfs-and-ntfs-file-systems

[23] https://tldp.org/LDP/khg/HyperNews/get/fs/fs.html

[24] Clustering con Linux. Construcción y mantenimiento de clusters con Linux. Charles Bookman. Prentice Hall. (2003).

[25] https://ext4.wiki.kernel.org/index.php/Ext4_Howto

[26] https://en.wikipedia.org/wiki/XFS

[27] https://www.lustre.org

[28] https://www.ibm.com/products/storage-scale

[29] Computer Networks. Tanenbaum / Feamster / Wetherall. Ed. Pearson. (2021).

[30] https://www.rfc-editor.org/rfc/rfc1918.txt

[31] https://www.rfc-editor.org/rfc/rfc3330.txt

[32] https://datatracker.ietf.org/doc/html/rfc2460

[33] https://datatracker.ietf.org/doc/html/rfc1035

[34] https://www.ccc.uam.es/pablo.sanz

[35] https://www.gnome.org

[36] https://www.kde.org

[37] https://tldp.org/LDP/GNU-Linux-Tools-Summary/GNU-Linux-Tools-Summary.pdf

[38] The Linux Command Line: A Complete Introduction. William E. Shotts Jr. Ed. No Starch Press, Incorporated. (2019).

[39] https://kdiff3.sourceforge.net

[40] Unix System Administration Handbook. Evi Nemeth, Garth Snyder, Scott Seebass, Trent R. Hein. Prentice Hall PTR. (2001).

[41] Running Linux. Matt Welsh, Lar Kaufman, Matthias Kalle Dalheimer. Ed. O'Reilly. (2006).

[42] https://www.redhat.com/sysadmin/linux-at-command

[43] https://www.gftp.org

[44] Managing projects with make. Robert Mecklenburg. Ed. O'Reilly. (2004).

[45] Unix Power Tools. Jerry Peek, Shelley Powers, Tim O'Reilly, Mike Loukides. Ed. O'Reilly. (2002).

[46] https://linuxize.com/post/etc-shadow-file

[47] https://www.redhat.com/sysadmin/how-manage-packages